税务会计实训丛书

营业税业务实训

敖　汀　崔晓妍　主编

北京大學出版社
PEKING UNIVERSITY PRESS

内 容 简 介

本书主要介绍营业税概述、营业税的征收范围、营业税的计算与会计处理、营业税的纳税申报、营业税的节税技巧方面的内容。

本书适用于企业税务会计人员，同时也可以作为干部税收业务的培训教材。

图书在版编目(CIP)数据

营业税业务实训/敖汀，崔晓妍主编. —北京：北京大学出版社，2012.1
（税务会计实训丛书）
ISBN 978-7-301-20029-2

Ⅰ. ①营… Ⅱ. ①敖…②崔… Ⅲ. ①工商营业税－税收管理－中国
Ⅳ. ①F812.424

中国版本图书馆 CIP 数据核字（2011）第 281199 号

书　　　名：营业税业务实训
著作责任者：敖　汀　崔晓妍　主编
策 划 编 辑：邱　懿
责 任 编 辑：陈　薇　武瑞敏
标 准 书 号：ISBN 978-7-301-20029-2/F・3019
出 版 发 行：北京大学出版社
地　　　址：北京市海淀区成府路 205 号　100871
网　　　址：http://www.pup.cn
电 子 信 箱：zyjy@pup.cn
电　　　话：邮购部 62752015　发行部 62750672　编辑部 62754934
　　　　　　出版部 62754962
印　刷　者：河北滦县鑫华书刊印刷厂
经　销　者：新华书店
　　　　　　650 毫米×980 毫米　16 开本　10.5 印张　156 千字
　　　　　　2012 年 1 月第 1 版　2012 年 1 月第 1 次印刷
定　　　价：22.00 元

税务会计实训丛书编委会

前　言

为适应全国税务系统岗位专业知识和技能培训的需要，不断提高广大税务人员的业务素质，本书根据最新修订的《中华人民共和国营业税暂行条例》(国务院令[2008]第540号)和《中华人民共和国营业税暂行条例实施细则》(财政部、国家税务总局令第52号)，对营业税纳税申报业务进行了详细解析，通过例题解析来帮助读者更好地了解营业税的业务流程，由此，我们编写了此书——《营业税业务实训》。

本书分为5章，主要内容包括：营业税概述、营业税的征收范围、营业税的计算与会计处理、营业税的纳税申报、营业税的节税技巧。本书以最新营业税政策为指导，旨在用最新政策为企业和有关财会人员解决营业税业务问题。

全书在编写过程中突出体现了如下特点。

第一，读者对象定位明确，针对企业税务会计人员。

第二，真正站在税务会计人员的立场上，想税务会计人员之所想，根据税务会计人员的特点和需要来设计体例和取舍内容，而不是从政府部门普及、宣传税法的角度。

第三，文字简洁、通俗易懂、短小精悍，用丰富的实例来讲解，避免晦涩难懂，使税务会计人员在有限的时间和精力里，获取到作为税务会计人员应知应会的全面知识。

本书适用于企业税务会计人员，同时也可以作为干部税收业务的培训教材。

因时间仓促以及编者水平有限，书中难免有不足之处，恳请广大读者热心指点，以便做进一步修改和完善。

编　者

2011.12

目　录

第1章

营业税概述

1.1 营业税的概念、特点

要 点

营业税是以纳税义务人从事经营活动的营业额或销售额为课税对象征收的一种流转税，是世界各国普遍开征的税种。本节主要介绍营业税的概念及特点。

解 释

◆ 营业税的概念

营业税是针对在我国境内提供应税劳务、转让无形资产或者销售不动产的单位和个人，就其营业收入征收的一种税。

在我国现行税种中，营业税是主要流转税税种之一。由于各国的税制不同，有关营业税的规定也存在着一定的差异，即使在同一个国家，不同时期营业税的规定也会有所不同。一般来说，营业税自身有着便于计算和征收的特点，其原因有以下两个：

(1) 营业税采取从价计征的方式，适用比例税率，即纳税人按其应税营业额的一定比例计算缴纳营业税，税率一经确定，税额便与价格保持稳定的比例关系，税率也不会因为营业收入额的多少而发生变化；

(2) 营业税以商品和劳务的流转额为计税依据，无须考虑纳税人因取得收入所耗费的成本、费用和损失等问题。

◆ 营业税的特点

1. 征税范围广、税源普遍

营业税的征税范围包括在我国境内提供应税劳务、转让无形资产和销售不动产的经营行为，涉及国民经济中第三产业这一广泛的领域。第三产业直接关系着城乡人民群众的日常生活，所以营业税的征税范围具有广泛性和普遍性。随着第三产业的不断发展，营业税的收入也将逐步增长。

2. 以营业额为计税依据，计算方法简便

营业税的计税依据为各种应税劳务收入的营业额、转让无形资产的转让额、销售不动产的销售额（三者统称为营业额），税收收入不受成本、费用高低影响，收入比较稳定。营业税实行比例税率，计征方法简便。

3. 按行业设计税目、税率

营业税与其他流转税税种不同，它不按商品或征税项目的种类、品种设置税目、税率，而是从应税劳务的综合性经营特点出发，按照不同经营行业设计不同的税目、税率，即行业相同，税目、税率相同；行业不同，税目、税率不同。营业税税率设计的总体水平较低。

相关知识

◆ 《营业税暂行条例》修订的主要内容

1. 调整了营业税纳税地点的确定原则

新条例第十四条第一款规定，纳税人提供应税劳务应当向其机构所在地或者居住地的主管税务机关申报纳税。但是，纳税人提供的建筑业劳务以及国务院财政、税务主管部门规定的其他应税劳务，应当向应税劳务发生地的主管税务机关申报纳税。

在实际执行中一些应税劳务的发生地难以确定时，考虑到大多数应税劳务的发生地与机构所在地是一致的，而且有些应税劳务的纳税地点现行政策已经规定为机构所在地，将营业税纳税人提供应税劳务的纳税地点由按劳务发生地纳税原则改为按机构所在地或者居住地纳税原则确定。

2. 调增了免征营业税的项目

新条例第八条中关于免征营业税的项目，由原来的六项调增至现行的七项，增加了"（七）境内保险机构为出口货物提供的保险产品"项目。

该规定已在《关于对中国出口信用保险公司办理的出口信用保险业务不征收营业税的通知》（财税[2002]157 号）中明确，并上升为条例。

这一规定明确了境内保险机构（企业）为出口货物提供的保险产品，不需要缴纳营业税。它对境内保险机构的发展以及促进对外贸易具有积极意义。

3. 增加了关于差额征收营业税扣除凭证的规定

新条例第六条明确规定，纳税人按照本条例第五条规定扣除有关项目，取得的凭证不符合法律、行政法规或者国务院税务主管部门有关规定的，该项目金额不得扣除。

这一规定对差额征收营业税扣除凭证问题进行了明确。企业取得的扣除凭证只有符合法律、行政法规或者国务院税务主管部门有关规定，才可以按照差额征收营业税。

财税[2003]16号文件规定，营业额减除项目支付款项发生在境内的，该减除项目支付款项凭证必须是发票或合法有效凭证；支付给境外的，该减除项目支付款项凭证必须是外汇付汇凭证、外方公司的签收单据或出具的公证证明。

国税函[2005]77号文件规定，《财政部、国家税务总局关于营业税若干政策问题的通知》（财税[2003]16号）第四条规定的合法有效凭证，包括法院判决书、裁定书、调解书以及可由人民法院执行的仲裁裁决书、公证债权文书。

4. 明确了交易价格明显偏低的处理规定

新条例第七条规定，纳税人提供应税劳务、转让无形资产或者销售不动产的价格明显偏低并无正当理由的，由主管税务机关核定其营业额。此条例提高了该规定的法律级次，也为实施细则提供了依据。

5. 调整了营业税扣缴义务人的规定

新条例关于营业税扣缴义务人的规定，改变了旧条例列举式的做法，使其表述更加严谨、规范。

新条例第十一条关于营业税扣缴义务人的规定，虽然只有两款（旧条例是三款），但是其内涵更加丰富，不仅增加了“境外的单位或者个人在境内提供应税劳务、转让无形资产或者销售不动产，在境内未设有经营机构的，以其境内代理人为扣缴义务人；在境内没有代理人的，以受让方或者购买方为扣缴义务人”及“国务院财政、税务主管部门规定的其他扣缴义务人”的规定，而且删除了旧条例第十一条第一项“委托金融机构发放贷款，以受托发放贷款的金融机构为扣缴义务人”和第二项“建筑安装业务实行分包或者转包的，以总承包人为扣缴义务人”的规定。这意味着从2009年1月1日起，受托发放贷款的金融机构和建筑安装业的总承包人不再具有法定扣缴义务。

6. 完善了营业税纳税义务发生时间的规定

新条例第十二条规定，在营业税纳税义务发生时间上，不仅延续了“收讫营业收入款项或者取得索取营业收入款项凭据的当天”规定，而且还增加了“国务院财政、税务主管部门另有规定的，从其规定”的表述。

同时，对营业税扣缴义务发生时间进行了明确，即纳税人营业税纳税义务发生的当天，也就是营业税扣缴义务的发生时间。

7. 调减了按照差额征收营业税的项目

新条例第五条中关于按照差额征收营业税的项目，由原来的六项调整为五项。将"(四)转贷业务，以贷款利息减去借款利息后的余额为营业额"这一规定删除。在实际执行中这一规定仅适用于外汇转贷业务，造成外汇转贷与人民币转贷之间的政策不平衡。

8. 延长了营业税的纳税期限

新条例第十五条规定，对营业税按期纳税的至期满之日起 10 日内延长至 15 日内，这有以下两方面的意义。

(1) 与增值税、消费税的纳税期限一致，便于主管税务机关的管理。

(2) 给纳税人较为宽松的申报缴纳期限，体现了主管税务机关为纳税人服务的理念。

9. 删除了旧条例所附的税目税率表中的"征收范围"

新条例删除了旧条例所附的《营业税税目税率表》中的"征收范围"一栏，主要考虑到营业税各税目的具体征收范围难以列举全面，具体范围由财政部和国家税务总局另行规定。

10. 其他相关规定的修订

(1) 删除了旧条例的第十五条。旧条例的第十五条是关于外商投资企业和外国企业征收营业税的规定，新条例适用于包括内资企业、外商投资企业和外国企业的所有营业税的纳税义务人。

(2) 将旧条例的"财政部规定"变更为"国务院财政、税务主管部门规定"。

1.2 营业税的作用及法律依据

要 点

本节主要介绍营业税的作用及营业税的法律依据。

解 释

◆ **营业税的作用**

1. 广泛筹集财政资金，增加财政收入

现行营业税的征收范围包括第三产业的七大行业，其征税领域比较广泛。

按照税法的规定，凡是有偿提供应税劳务、转让无形资产、销售不动产的单位和个人，都要就其取得的营业收入纳税，可见营业税较充分地体现了一切有营业收入的单位和个人都要纳税的原则。尤其是随着我国第三产业的进一步发展，营业税的税源也会不断扩大和增长。

同时，因为营业税主要以非商品营业额为税基，其计税依据不受纳税人的成本、费用水平升降的影响，所以，政府通过征收营业税就可以较为及时、稳妥和可靠地取得财政收入。

2. 体现国家政策，促进各行业协调发展

营业税按照第三产业各行业大类的经营水平及盈利水平，确定征、免税范围，并对不同行业设计差别税率，实际上已经相应地体现了国家的有关社会经济政策。即对一些有利于社会稳定、事业发展的福利单位和文化教育、医疗卫生、支农产业给予免税；对一些关系到国计民生的行业，如交通运输、邮电通信、建筑、文化体育等采用3%的低税率；对盈利水平较高的和高档消费的夜总会、歌厅、舞厅、高尔夫球等娱乐行业一律按20%的税率征税。

营业税实行差别税率，不仅能将保证财政收入、照顾与人民生活密切相关的行业发展两方面的需要兼顾起来，而且能较好地发挥对社会经济的调控作用，引导各行业健康协调发展。

3. 促进公平竞争，有利于鼓励先进、鞭策后进

因为现行营业税以纳税人的营业收入全额为计税依据，并按照行业设计税目和税率，即对盈利水平不同的行业实行差别税率，对同一个行业采用统一税率，使得不同行业的经营者面临大致公平的税收环境，又使同一个行业的纳税人取得的营业额中所含税款比重较为一致。

所以，在非商品经营取得的营业收入相同的条件下，若经营者加强和改善经营管理、降低成本和费用水平，其利润就会相应增加；若经营者不注重经营管理，导致成本和费用上升，其利润水平就会下降。这种课税制度与政策，必然使得营业税能比较有利地发挥鼓励先进、鞭策后进的作用。

◆ 营业税的法律依据

我国现行营业税的基本规范是2008年11月5日国务院第34次常务会议修订通过的新《营业税暂行条例》，以及2008年12月15日，财政部、国家税务总局第52号令公布的新《营业税暂行条例实施细则》，自2009年1月1日起施行。

相关知识

◆ **营业税的发展历史**

营业税的征收由来已久，如中国明代的门摊、课铁，清代的铺间房税等税，皆属营业税性质。欧洲中世纪政府对营业商户每年征收一定金额始准营业，称为许可金。后因许可金不论营业商户营业规模之大小均无区别，负担不均，1791 年法国始改许可金为营业税，以其营业额大小征收。其后，各国相继仿效。1931 年，中国国民党政府制定营业税法，开征此税。新中国成立后，废止旧的营业税，于 1950 年公布《工商业税暂行条例》。其中规定，凡在中国境内的工商营利事业，均应按营业额于营业行为所在地缴纳营业税。1958 年至 1984 年，营业税不作为独立税种，而在试行的工商统一税及后来试行的工商税中设置若干税目征收。1984 年恢复征收营业税。1993 年 12 月 13 日国务院发布《中华人民共和国营业税暂行条例》，自 1994 年 1 月 1 日起施行。

营业税是世界各国普遍征收的一种税。营业税在欧洲许多国家为 20%上下，英国的营业税为 15%。英国的营业税也被称为非市政税，其课税对象为营业性的房地产，如商店、写字楼、仓库、工厂等。与市政税不同的是，英国的营业税从 1990 年开始被划为中央税种。地方征缴的营业税收入上缴中央财政后，汇入专项基金，然后由中央财政依据各地的人口基数，将这一基金作为转移支付资金，以一定的比例在各地区之间进行分配。由此可见，虽然属于中央税种，但最终营业税的税款还是会专项返还给地方财政。返还后的营业税收入约占中央向地方转移支付资金的1/4，占地方财政总收入的比重也在 15%以上，在地方财政收入体系中的地位非常重要。

实战训练

一、单项选择题

1. 现行营业税的征收范围包括第三产业的（　　），其征税领域比较广泛。

A. 七大行业　　B. 八大行业

C. 三大行业　　D. 五大行业

2. 新条例将旧条例的“财政部规定”变更为（　　）。

A. 国务院财政部门规定　　B. 税务主管部门规定

C. 发改委规定　　D. 国务院财政、税务主管部门规定

二、多项选择题

1. 营业税的特点有(　　)。

A. 征税范围广、税源普遍

B. 以营业额为计税依据,计算方法简便

C. 按行业设计税目、税率

D. 设计统一税目、税率

2. 按照税法的规定,凡是(　　),都要就其取得的营业收入纳税。

A. 有偿提供应税劳务　　B. 转让无形资产

C. 销售不动产的单位　　D. 销售不动产的个人

三、判断题

1. 营业税是以纳税义务人从事经营活动的营业额或销售额为课税对象征收的一种流转税,是世界各国普遍开征的税种。(　　)

2. 税率不会因为营业收入额的多少而发生变化。(　　)

3. 营业税以商品和劳务的流转额为计税依据,还要考虑纳税人因取得收入所耗费的成本、费用和损失等问题。(　　)

四、问答题

1. 新《营业税暂行条例》为什么删除了转贷业务差额征税的规定?

2. 新《营业税暂行条例》第十五条规定,对营业税按期纳税的至期满之日起10日内延长至15日内。这有什么意义?

第2章

营业税的征收范围

2.1 营业税的纳税人

要 点

营业税涉及国民经济中的众多行业，只要是在我国境内发生了这些应税行为，取得了营业收入就必须依法缴纳营业税。本节主要介绍营业税的纳税人、营业税纳税人的具体规定、营业税纳税义务人的特殊规定及营业税的扣缴义务人。

解 释

◆ 营业税的纳税人

在中华人民共和国境内提供《营业税暂行条例》规定的劳务、转让无形资产或者销售不动产的单位和个人，为营业税的纳税人，应当依照《营业税暂行条例》缴纳营业税。

单位是指企业、行政单位、事业单位、军事单位、社会团体及其他单位。条例第一条所称个人，是指个体工商户和其他个人。

单位以承包、承租、挂靠方式经营的，承包人、承租人、挂靠人（以下统称承包人）发生应税行为，承包人以发包人、出租人、被挂靠人（以下统称发包人）名义对外经营并由发包人承担相关法律责任的，以发包人为纳税人；否则以承包人为纳税人。

中央铁路运营业务的纳税人为铁道部，合资铁路运营业务的纳税人为合资铁路公司，地方铁路运营业务的纳税人为地方铁路管理机构，基建临管线运营业务的纳税人为基建临管线管理机构。

1. 国境

“在中华人民共和国境内”是指：

(1) 提供或者接受劳务的单位或个人在境内；

(2) 所转让的无形资产（不含土地使用权）的接受单位或者个人在

境内；

(3) 所转让或者出租土地使用权的土地在境内；

(4) 所销售或者出租的不动产在境内。

另外，有下列情形之一者，为在境内提供保险劳务：

(1) 境内保险机构提供的保险劳务，但境内保险机构为出口货物提供保险除外；

(2) 境外保险机构以在境内的物品为标的提供的保险劳务。

2. 应税劳务

劳务是指属于交通运输业、建筑业、金融保险业、邮电通信业、文化体育业、娱乐业、服务业税目征收范围的劳务(以下称应税劳务)。加工和修理、修配，不属于《营业税暂行条例》规定的劳务(以下称非应税劳务)。

3. 有偿提供

提供《营业税暂行条例》规定的劳务、转让无形资产或者销售不动产，是指有偿提供条例规定的劳务、有偿转让无形资产或者有偿转让不动产所有权的行为(以下称应税行为)。但单位或者个体工商户聘用的员工为本单位或者雇主提供条例规定的劳务，不包括在内。"有偿"是指取得货币、货物或者其他经济利益。

◆ 营业税纳税人的具体规定

1. 交通运输业营业税的纳税人

(1) 铁路运输业的纳税人

中央铁路运营业务的营业税纳税人为铁道部，合资铁路运营业务的纳税人为合资铁路公司，地方铁路运营业务的纳税人为地方铁路管理机构，基建临管线运营业务的纳税人为基建临管线管理机构。具体有以下几类：

① 中央铁路运营业务纳税人均为铁道部。铁道部所属各铁路局、分局、站(段)不是中央铁路营业税纳税人；

② 中央地方合资铁路运营业务纳税人为合资铁路公司。站(段)不是中央地方合资铁路营业税纳税人；

③ 地方铁路运营业务纳税人为地方铁路管理机构，即地方铁路局、公司或其他管理机构，但站(段)不是地方铁路营业税纳税人；

④ 企业专用铁路运营业务纳税人为企业或其指定的管理机构，通常指企业的运输部，但站(段)不是企业专用铁路营业税纳税人；

⑤ 铁路专用线运营业务纳税人为企业或其他经营管理单位；

⑥ 中央新建铁路临时运营业务纳税人为临管线管理机构。

(2) 公路运输业的纳税人

公路运输业的纳税人包括公路运输企业和个体运输户;对外承揽运输业务的其他企业和机关、团体、部队、学校等单位。

(3) 水路运输业的纳税人

水路运输业的纳税人具体为:海运业务的纳税人是海运企业;内河运输业的纳税人是内河运输企业或个体运输户。

(4) 航空运输业的纳税人

航空运输业的纳税人具体包括以下两类:

① 航空运输企业,主要包括国家民航总局直属的各大航空公司、各地开办的地方性航空公司、民营航空公司及这些航空公司的分公司;

② 航空地面服务单位,主要包括机场、民航管理局、航站(包括地区、市、县航站)等单位。

(5) 管道运输业的纳税人

① 中国石油天然气总公司管道局直管运输业务的纳税人是管道局。

② 中国石油天然气总公司所属胜利输油公司、滨州输油公司、中原输油公司为管道运输营业税纳税人。

③ 其他单位所属管道运输业务纳税人是其管理机构。由企业、单位投资建设并经营的管道运输业,经营管道的企业、单位为营业税纳税人。

2. 建筑业营业税的纳税人

在我国境内从事建筑安装、修缮装饰、其他工程作业的国有企业、集体企业、私有企业、股份制企业、外商投资企业、外国企业、其他企业、行政单位、事业单位、军事单位和社会团体、其他单位和个人是建筑业营业税的纳税人。

3. 金融保险业营业税的纳税人

根据新《营业税暂行条例》第一条和第十一条以及《金融保险业营业税申报管理办法》的规定,金融保险业营业税纳税人具体包括以下内容。

(1) 银行,包括人民银行、商业银行、政策性银行

(2) 信用合作社

(3) 证券公司

(4) 金融租赁公司、证券基金管理公司、财务公司、信托投资公司、证券投资基金

(5) 保险公司

(6) 其他经中国人民银行、中国证监会、中国保监会批准成立且经营金融保险业务的机构等

扣缴义务人是受托发放贷款的金融机构。

4. 邮电通信业营业税的纳税人

邮电通信业营业税的纳税义务人是指在我国境内提供邮电通信劳务并取得货币、货物或者其他经济利益的单位和个人。主要包括以下几类。

(1) 邮电业务纳税人

邮电业务纳税人为邮电总局系统下的省(市)级机构、地(市)级机构、县级机构。

(2) 电信业务纳税人

根据财政部、国家税务总局于2003年发布的《关于营业税若干政策问题的通知》(财税[2003]16号),提供电信业务(包括基础电信业务和增值电信业务)的电信单位(指电信企业和经电信行政管理部门批准从事电信业务的单位)为电信业务的纳税人。

基础电信业务是指提供公共网络基础设施、公共数据传送和基本语音通信服务的业务,具体包括固定网国内长途及本地电话业务、移动通信业务、卫星通信业务、互联网及其他数据传送业务、网络元素出租出售业务、电信设备及电路的出租业务、网络接入及网络托管业务,国际通信基础设施国际电信业务、无线寻呼业务和转售的基础电信业务。

增值电信业务是指利用公共网络基础设施提供的电信与信息服务的业务,具体包括固定电话网增值电信业务、移动电话网增值电信业务、卫星网增值电信业务、互联网增值电信业务、其他数据传送网络增值电信业务等服务。

5. 文化体育业营业税的纳税人

文化体育业的营业税纳税人是指在我国境内提供文化体育业劳务,并取得货币、货物或者其他经济利益的单位和个人。具体包括以下几类。

(1) 演出业务的纳税人是指进行演出的单位和个人,既包括组织演出的经纪人,也包括以租赁方式提供演出场所的单位和个人。

(2) 播映业务的纳税人是指电台、电视台、影剧院等从事播映各种作品、节目的单位和个人。

(3) 其他文化业的纳税人是指经营除演出、播映业务以外的文化活动业务,如展览、培训,举办文学、艺术、科技讲座,演讲、报告会,图书馆的图书借阅等业务的单位和个人。

(4) 经营游览场所的纳税人是指经营公园、动物园、植物园以及其他各种游览场所业务的单位和个人。

(5) 体育业的纳税人是指举办体育比赛的单位和个人以及为体育比

赛或体育活动提供场所的单位和个人。

6．娱乐业营业税的纳税人

娱乐业营业税的纳税人是指在我国境内提供娱乐业劳务的单位和个人。

7．服务业营业税的纳税人

服务业的营业税纳税人是指从事服务行业的单位和个人。

8．转让无形资产的营业税纳税人

凡是发生转让土地使用所有权、转让商标权、转让专利权、转让非专利技术、转让著作权和转让商誉等无形资产转让行为的单位和个人都是营业税的纳税人。

9．销售不动产的营业税纳税人

凡是发生销售不动产，包括销售建筑物或构造物、销售其他土地附着物行为的个人和单位均为销售不动产的营业税纳税人。

◆ 营业税纳税义务人的特殊规定

(1) 企业租赁或承包给他人经营的，以承租人或承包人为纳税人。

(2) 建筑安装业务实行分包或转包的，以分包或转包者为纳税人。

(3) 从事水路运输、航空运输、管道运输或其他陆路运输业务并负有营业税纳税义务的单位，为从事运输业务并计算盈亏的单位。

(4) 铁路运输的纳税人分以下具体情况各自执行：

① 中央铁路运营业务的纳税人为铁道部；

② 合资铁路运营业务的纳税人为合资铁路公司；

③ 地方铁路运营业务的纳税人为地方铁路管理机构；

④ 铁路专用线运营业务的纳税人为企业或其指定的管理机构；

⑤ 基建临管线铁路运营业务的纳税人为基建临管线管理机构。

(5) 金融保险业纳税人包括以下几类。

① 银行，包括人民银行、商业银行、政策性银行。

② 信用合作社。

③ 证券公司。

④ 金融租赁公司、证券基金管理公司、财务公司、信托投资公司、证券投资基金。

⑤ 保险公司。

⑥ 其他经中国人民银行、中国证监会、中国保监会批准成立且经营金融保险业务的机构等。

◆ **营业税的扣缴义务人**

在现实生活中,有些具体情况难以确定纳税人,为了便于征收管理,防止税款流失,税法规定了扣缴义务人。

营业税的扣缴义务人主要有以下几种。

(1) 委托金融机构发放贷款的,其应纳税款以受托发放贷款的金融机构为扣缴义务人;金融机构接受其他单位或个人的委托,为其办理委托贷款业务时,如果将委托方的资金转给经办机构,由经办机构将资金贷给使用单位和个人,由最终将贷款发放给使用单位或个人并取得贷款利息的经办机构代扣委托方应纳的营业税。

(2) 建筑安装业务实行分包或者转包的,其应纳税款以总承包人为扣缴义务人。

(3) 境外单位或者个人在境内发生应税行为而在境内未设有机构的,其应纳税款以代理人为扣缴义务人;没有代理人的,以受让者或者购买者为扣缴义务人。

(4) 单位或者个人进行演出,由他人售票的,其应纳税款以售票者为扣缴义务人,演出经纪人为个人的,其办理演出业务的应纳税款也以售票者为扣缴义务人。

(5) 分保险业务,其应纳税款以初保人为扣缴义务人。

(6) 个人转让专利权、非专利技术、商标权、著作权、商誉的,其应纳税款以受让者为扣缴义务人。

(7) 国务院财政、税务主管部门规定的其他扣缴义务人。

2.2 营业税的征税范围

要 点

营业税的税目按照行业、类别的不同分别设置,现行营业税共设置了九个税目。本节主要介绍交通运输业、建筑业、金融保险业、邮电通信业、文化体育业、娱乐业、服务业、转让无形资产和销售不动产的营业税征收范围及纳税人。

解 释

◆ **交通运输业**

凡与运营业务有关的各项劳务活动,均属交通运输业的征税范围。

具体包括以下几个方面。

(1) 铁路运输

中央铁路的运营业务,是指铁道部所属各铁路局直接管辖和经营的铁路运营业务。中央地方合资铁路业务,是指铁道部与地方政府或其他投资单位共同投资兴建经营的运营业务。

(2) 公路运输

公路运输是指机动车、人力车、兽力车等运输工具进行的公路客运和货运业务活动。但此处的公路运输不包括城市内公共交通运输业。

公路运输包括运输企业和个体运输户经营客运、货运、邮运和其他运输业务;其他企业和行政单位、事业单位、军事单位、社会团体和其他个人对外承揽的运输业务。

(3) 水路运输

水路运输是指通过江、河、湖、川等天然、人工水道或海洋航道运送货物或旅客的运输业务。水路运输的征税范围包括远洋运输业、沿海运输业、内河内湖运输业、其他水上运输业和打捞业。

① 远洋运输业。远洋运输业是指在海洋上进行的旅客或货物的国际性运输。

② 沿海运输业。沿海运输业是指沿国内海岸线,包括岛屿之间和岛屿与大陆之间的水上运输。

③ 内河运输业。内河运输业是在我国从事内河运输的企业和个体运输者。

(4) 航空运输

航空运输是指通过空中航线运送货物或旅客的运输业务。

通用航空业务、航空地面服务业务,比照航空运输征税。

通用航空业务是指为专业工作提供飞行服务的业务,如航空摄影、航空测量、航空勘探、航空护林、航空吊挂飞播、航空降雨等。

航空地面服务业务是指航空公司、飞机场、民航管理局、航站向在我国境内航行或在我国境内机场停留的境内外飞机或其他飞行器提供的导航等劳务性地面服务的业务,包括航空公司、飞机场、民航管理局取得的代售机票手续费;飞机起降服务费;旅客过港服务费、机务费、飞机清洁费;运输服务费;商务特种车辆使用费;航路费;机场进出指挥费;夜航附加费;地面保障费;任务组织费;航班延误费;候机楼使用费;飞机停放费;机场建设基金;飞机救护费;空中指挥费;代理国际民航运输手续费;代理国内业务手续费;货物保管费等。

（5）管道运输

管道运输是指通过管道设施输送气体、液体、固体物质的运输业务。

管道运输业营业税的征税范围，包括通过管道设施输送气体、液体、固体物资的运输活动，也包括泵站的运行，但不包括管道的维护。

（6）交通运输辅助业

交通运输辅助业营业税的征税范围，包括港口业、水运辅助业、装卸搬运业等。

港口业分沿海港口业和内河、内湖港口业，包括从事港口装卸、港口管理、货物储存和为船舶提供所需的相关劳务。

水运辅助业包括救助打捞、灯塔、航标设置与管理、理货、引航、系解缆绳、停泊引水员交通费、过闸费等劳务。

装卸搬运业是指使用装卸搬运工具或人力、畜力将货物在运输工具之间、装卸现场之间或运输工具与装卸现场之间进行装卸和搬运的业务。具体包括：铁路运输中的货物装卸业务、小件托运业务、行包托运业务、行包装卸业务；公路运输、水路运输和航空运输中的装卸搬运业务；其他单位和个人从事的装卸搬运业务，如搬家业务。

◆ 建筑业

1. 一般规定

（1）建筑是指新建、改建、扩建。各种建筑物、构筑物的工程作业，包括与建筑物相连的各种设备或支柱、操作平台的安装或装设的工程作业，以及各种窑炉和金属结构工程作业在内。但自建自用建筑物的自建行为不属建筑业税目的征税范围。出租或投资入股的自建建筑物，也不属建筑业的征税范围。

（2）安装是指生产设备、动力设备、起重设备、运输设备、传动设备、医疗实验设备及其他各种设备的装配、安置工程作业，包括与设备相连的工作台、梯子、栏杆的装设工程作业和被安装设备的绝缘、防腐、保温、油漆等工程作业。

（3）修缮是指对建筑物、构筑物进行修补、加固、养护、改善，使之恢复原来的使用价值或延长其使用期限的工程作业。

（4）装饰是指对建筑物、构筑物进行修饰，使之美观或具有特定用途的工程作业。

（5）其他工程作业是指除建筑、安装、修缮、装饰工程作业以外的各种工程作业，如代办电信工程、水利工程、道路修建、疏浚、钻井（打井）、拆除建筑物、平整土地、搭脚手架、爆破等工程作业。

2. 相关规定

(1) 基本建设单位和从事建筑安装业务的企业附设的工厂、车间生产的水泥预制构件、其他构件或建筑材料，用于本单位或本企业的建筑过程的，应在移送使用时征收增值税。但对其在建筑现场制造的预制构件，凡直接用于本单位或本企业建筑工程的，征收营业税，不征收增值税。

(2) 销售自产货物提供增值税应税劳务并同时提供建筑业劳务的征收涉及以下几个问题。

① 纳税人以签订建设工程施工总包或分包合同(包括建筑、安装、装饰、修缮等工程总包和分包合同，下同)方式开展经营活动时，销售自产货物、提供增值税应税劳务并同时提供建筑业劳务(包括建筑、安装、修缮、装饰、其他工程作业，下同)，同时符合以下条件的，对销售自产货物和提供增值税应税劳务取得的收入征收增值税，提供建筑业劳务收入(不包括按规定应征收增值税的自产货物和增值税应税劳务)征收营业税。

a. 具备建设行政部门批准的建筑业施工(安装)资质；

b. 签订的建设工程施工总包或分包合同中单独注明的建筑业劳务价款。

凡不同时符合以上条件的，以签订的建设工程施工总包或分包合同上注明的建筑业劳务价款为准。

② 不论签订建设工程施工合同的总承包人是销售自产货物、提供增值税应税劳务并提供建筑业劳务的单位和个人，还是仅销售自产货物、提供增值税应税劳务不提供建筑业劳务的单位和个人，均应当扣缴分包人或转包人(以下简称分包人)的营业税。

a. 如果分包人是销售自产货物、提供增值税应税劳务并提供建筑业劳务的单位和个人，总承包人在扣缴建筑业营业税时的营业额为除自产货物、增值税应税劳务以外的价款。

b. 除上述以外的分包人，总承包人在扣缴建筑业营业税时的营业额为分包额。

③ 规定所称自产货物是指以下几类。

a. 金属结构件，包括活动板房、钢结构房、钢结构产品、金属网架等产品。

b. 铝合金门窗。

c. 玻璃幕墙。

d. 机器设备、电子通信设备。

e. 国家税务总局规定的其他自产货物。

上述纳税人是指从事货物生产的单位和个人。纳税人按照客户要求，为钻井作业提供泥浆和工程技术服务的行为，应按提供泥浆工程劳务项目照章征收营业税，不征收增值税。

◆ 金融保险业

根据《金融保险业营业税申报管理办法》，金融保险业的营业税征税范围主要包括以下几个部分。

(1) 贷款

贷款是指将资金有偿贷与他人使用(包括以贴现、押汇方式)的业务。以货币资金投资但收取固定利润或保底利润的行为，也属于这里所称的贷款业务。按资金来源不同，贷款分为外汇转贷业务和一般贷款业务两种。

① 外汇转贷业务是指金融企业直接向境外借入外汇资金，然后再贷给国内企业或其他单位、个人。各银行总行向境外借入外汇资金后，通过下属分支机构贷给境内单位或个人使用的，也属于外汇转贷业务。

② 一般贷款业务是指除外汇转贷以外的各种贷款。

(2) 融资租赁

融资租赁(也称金融租赁)是指经中国人民银行或对外经济贸易合作部批准可从事融资租赁业务的单位所从事的具有融资性质和所有权转移特点的设备租赁业务。

(3) 金融商品转让

金融商品转让是指转让外汇、有价证券或非货物期货的所有权的行为，包括股票转让、债券转让、外汇转让、其他金融商品转让。

(4) 金融经纪业务和其他金融业务

金融经纪业务指受托代他人经营金融活动的中间业务，如委托业务、代理业务、咨询业务等。

(5) 保险业务

此外，对金融保险业以下业务不征营业税。

① 金融机构往来利息收入是指金融机构之间相互占用、拆借资金取得的利息收入。

② 保险公司的摊回分保费用。

◆ 邮电通信业

1. 一般规定

邮电通信业是指专门办理信息传递的业务。邮电通信业营业税的征收范围包括邮政和电信。

（1）邮政

邮政是指传递实物信息的业务，包括传递函件或包件、邮汇、报刊发行、邮务物品销售、邮政储蓄及其他邮政业务。

① 传递函件或包件是指传递函件或包件的业务以及与传递函件或包件相关的业务。

传递函件是指收寄信函、明信片、印刷品的业务。

传递包件是指收寄包裹的业务。

传递函件或包件相关的业务，是指出租信箱、对进口函件或包件进行处理、保管逾期包裹、附带货载及其他与传递函件或包件相关的业务。

② 邮汇是指为汇款人传递汇款凭证并兑取的业务。

③ 报刊发行是指邮政部门代出版单位收订、投递和销售各种报纸、杂志的业务。

④ 邮务物品销售是指邮政部门在提供邮政劳务的同时附带销售与邮政业务相关的各种物品（如信封、信纸、汇款单、邮件包装用品等）的业务。

⑤ 邮政储蓄是指邮电部门办理储蓄的业务。

⑥ 其他邮政业务是指上述业务以外的各项邮政业务。

（2）电信

电信是指用各种电传设备传输电信号来传递信息的业务，包括电报、电传、电话、电话机安装、电信物品销售及其他电信业务。

① 电报是指用电信号传递文字的通信业务及相关的业务，包括传递电报、出租电报电路设备、代维修电报电路设备以及电报分送、译报、查阅去报报底或来报回单、抄录去报报底等。

② 电传（即传真）是指通过电传设备传递原件的通信业务，包括传递资料、图表、相片、真迹等。

③ 电话是指用电传设备传递语言的业务及相关的业务，包括有线电话、无线电话、寻呼电话、出租电话电路设备、代维修或出租广播电路、电视信道等业务。

④ 电话机安装是指为用户安装固定电话机或移动电话机的业务。

⑤ 电信物品销售是指在提供电信劳务的同时附带销售专用和通用电信物品（如电报纸、电话号码簿、电报签收簿、电信器材、电话机等）的业务。

⑥ 其他电信业务是指上述业务以外的电信业务。

2. 相关规定

(1) 集邮商品的生产征收增值税。邮政部门(含集邮公司)销售集邮商品,应当征收营业税;邮政部门以外的其他单位与个人销售集邮商品,征收增值税。

(2) 邮政部门发行报刊,征收营业税;其他单位和个人发行报刊,征收增值税。

(3) 电信单位自己销售电信物品,并为客户提供有关的电信劳务服务的,征收营业税;对单纯销售无线寻呼机、移动电话等不提供有关的电信劳务服务的,征收增值税。

◆ 文化体育业

文化体育业是指经营文化、体育活动的业务。文化体育业的营业税征收范围包括文化业、体育业。

(1) 文化业

文化业是指经营文化活动的业务,包括表演、播映等。

经营游览场所的业务,比照文化业征税。

(2) 体育业

体育业是指举办各种体育比赛和为体育比赛或体育活动提供场所的业务。

以租赁方式为文化活动、体育比赛提供场所的,不按本税目征税。

◆ 娱乐业

娱乐业是指为娱乐活动提供场所和服务的业务。

娱乐业营业税征收范围包括:经营歌厅、舞厅、卡拉OK歌舞厅、音乐茶座、台球、高尔夫球、保龄球场、游艺场等娱乐场所,以及娱乐场所为顾客进行娱乐活动提供服务的业务。

◆ 服务业

1. 一般规定

服务业是指利用设备、工具、场所、信息或技能为社会提供服务的业务。服务业的营业税征收范围包括:代理业、旅店业、饮食业、旅游业、仓储业、租赁业、广告业等。

(1) 代理业

代理业是指代委托人办理受托事项的业务,包括代购代销货物、代办进出口、介绍服务、其他代理服务。具体业务如下:

① 代购代销货物是指受托购买货物或销售货物，按实购或实销额进行结算并收取手续费的业务；

② 代办进出口是指受托办理商品或劳务进出口的业务；

③ 介绍服务是指中介人介绍双方商谈交易或其他事项的业务；

④ 其他代理服务是指受托办理上述事项以外的其他事项的业务。

金融经纪业、邮政部门的报刊发行业务，不按本税目征税。

(2) 旅店业

旅店业是指提供住宿服务的业务。

(3) 饮食业

饮食业是指通过同时提供饮食和饮食场所的方式为顾客提供饮食消费服务的业务。

饭馆、餐厅及其他饮食服务场所，为顾客在就餐的同时进行的自娱自乐形式的歌舞活动所提供的服务，按"娱乐业"税目征税。

(4) 旅游业

旅游业是指为旅游者安排食宿、交通工具和提供导游等旅游服务的业务。对单位和个人在旅游景区经营旅游游船、观光电梯、观光电车、景区环保客运车所取得的收入应按"服务业——旅游业"征收营业税。

单位和个人在旅游景区兼有不同税目应税行为并采取"一票制"收费方式的，应当分别核算不同税目的营业额；未分别核算或核算不清的，从高适用税率。

(5) 仓储业

仓储业是指利用仓库、货场或其他场所代客储放、保管货物的业务。

(6) 租赁业

租赁业是指在约定的时间内将场地、房屋、物品、设备或设施等转让他人使用的业务。例如，酒店产权式经营业主在约定的时间内提供房产使用权与酒店进行合作经营，如房产产权并未归属新的经济实体，业主按照约定取得的固定收入和分红收入均应视为租金收入，根据有关税收法律、行政法规的规定，应按照"服务业——租赁业"征收营业税。

融资租赁，不按本税目征税，按"金融保险业"征收营业税。

(7) 广告业

广告业是指利用图书、报纸、杂志、广播、电视、电影、幻灯、路牌、招贴、橱窗、霓虹灯、灯箱等形式为介绍商品、经营服务项目、文体节目或通告、声明等事项进行宣传和提供相关服务的业务。

(8) 其他服务业

其他服务业是指上述业务以外的服务业务，如沐浴、理发、洗染、照相、美术、裱画、誊写、打字、镌刻、计算、测试、试验、化验、录音、录像、复印、晒图、设计、制图、测绘、勘探、打包、咨询等。

航空勘探、钻井（打井）勘探、爆破勘探，不按本税目征税，按“建筑业”征收营业税。

2. 相关规定

(1) 代购代销的征税问题。代购代销货物本身的经营活动属于购销货物，在其经营过程中，货物实现了有偿转让，应属增值税的征税范围。

营业税对代购代销货物征税，不是针对货物有偿转让这个过程的经营业务，而是对代理者为委托方提供的代购或代销货物的劳务行为征税。

代购货物行为，凡同时具备以下条件的，不论企业的财务和会计账务如何处理，均应征收营业税：

① 受托方不垫付资金；

② 销货方将增值税专用发票开具给委托方，并由受托方将该项发票转交给委托方；

③ 受托方按代购实际发生的销售额和增值税额与委托方结算货款，并另收取手续费。

(2) 燃气公司和生产、销售货物或提供增值税应税劳务的单位，在销售货物或提供增值税应税劳务时，代有关部门向购买方收取的集资费（包括管道煤气集资款（初装费））、手续费、代收款等，属于增值税价外收费，应征收增值税，不征收营业税。

(3) 随汽车销售提供的汽车按揭服务和代办服务业征收增值税，单独提供按揭、代办服务业并不销售汽车的，应征收营业税。

(4) 自 2004 年 7 月 1 日起，对商业企业向供货方收取的与商品销售量、销售额无必然联系，且商业企业向供货方提供一定劳务的收入，例如，进场费、广告促销费、上架费、展示费、管理费等，不属于平销返利，不冲减当期增值税进项税额，应按营业税的适用税率(5%)征收营业税。

商业企业向供货方收取的各种收入，一律不得开具增值税专用发票。

◆ 转让无形资产

转让无形资产是指转让无形资产的所有权或使用权的行为。

无形资产是指不具实物形态，但能带来经济利益的资产。

转让无形资产的营业税征收范围包括：转让土地使用权、转让商标权、转让专利权、转让非专利技术、转让著作权、转让商誉。

(1) 转让土地使用权

转让土地使用权是指土地使用者转让土地使用权的行为。

土地所有者出让土地使用权和土地使用者将土地使用权归还给土地所有者的行为,不征收营业税。

土地租赁,不按转让无形资产征税税目征收营业税。

根据国家税务总局于2008年发布的《关于土地使用者将土地使用权归还给土地所有者行为营业税问题的通知》(国税函[2008]277号),纳税人将土地使用权归还给土地所有者时,只要出具县级(含)以上地方人民政府收回土地使用权的正式文件,无论支付征地补偿费的资金来源是否为政府财政资金,该行为均属于土地使用者将土地使用权归还给土地所有者的行为,不征收营业税。

(2) 转让商标权

转让商标权是指转让商标的所有权或使用权的行为。

(3) 转让专利权

转让专利权是指转让专利技术的所有权或使用权的行为。

(4) 转让非专利技术

转让非专利技术是指转让非专利技术的所有权或使用权的行为。

提供无所有权技术的行为,不按本税目征税。

(5) 转让著作权

转让著作权是指转让著作的所有权或使用权的行为。著作,包括文字著作、图形著作(如画册、影集)、音像著作(如电影母片、录像带母带)。

(6) 转让商誉

转让商誉是指转让商誉的使用权的行为。

根据《财政部、国家税务总局关于股权转让有关营业税问题的通知》(财税[2002]191号),以无形资产投资入股,参与接受投资方的利润分配、共同承担投资风险的行为,不征收营业税;对股权转让不征收营业税。

根据国家税务总局于2008年发布的《关于中国铁道建筑总公司股份制改革过程中有关税收问题的通知》(国税函[2008]679号),经国务院批准,中铁建已于2008年上半年成功实现整体重组,发起设立了中国铁建股份有限公司并在境内上市。在重组改制过程中,中铁建及其下属企业国有股东收购了相关企业职工股和外部股权,中铁建将以本公司名义签订的相关合同及持有的下属企业产权投入股份公司,将原中铁建系统的一些土地和房产投入股份公司,对不能纳入股份公司的部分房产和土地剥离到中铁建独家成立的锦鲤资产管理中心。对中铁建及其下属子公司与新成立的股份公司、锦鲤资产管理中心相互转让股权和整体转让产权的行为不征收营业税，对其他应税行为照章征收营业税。

◆ **销售不动产**

销售不动产是指有偿转让不动产所有权的行为。

不动产是指不能移动，移动后会引起性质、形状改变的财产。

转让不动产的营业税征收范围包括：销售建筑物或构筑物，销售其他土地附着物。

（1）销售建筑物或构筑物

销售建筑物或构筑物是指有偿转让建筑物或构筑物的所有权的行为。以转让有限产权或永久使用权方式销售建筑物，视同销售建筑物。

（2）销售其他土地附着物

销售其他土地附着物是指有偿转让其他土地附着物的所有权的行为。其他土地附着物，是指建筑物或构筑物以外的其他附着于土地的不动产。单位将不动产无偿赠与他人，视同销售不动产。在销售不动产时连同不动产所占土地的使用权一并转让的行为，比照销售不动产征税。

根据《财政部、国家税务总局关于股权转让有关营业税问题的通知》（财税[2002]191号），以不动产投资入股，参与接受投资方的利润分配、共同承担投资风险的行为，不征收营业税；对股权转让不征收营业税。

相关知识

◆ **营业税视同发生应税行为**

纳税人有下列情形之一的，视同发生应税行为。

（1）单位或者个人将不动产或者土地使用权无偿赠送其他单位或者个人。

（2）单位或者个人自己新建（以下简称自建）建筑物后销售，其所发生的自建行为。

（3）财政部、国家税务总局规定的其他情形。

◆ **营业税的混合销售行为**

根据新《营业税暂行条例实施细则》第六条的规定，一项销售行为如果既涉及应税劳务又涉及货物，为混合销售行为。从事货物的生产、批发或者零售的企业、企业性单位和个体工商户的混合销售行为，视为销售货物，属于增值税的混合销售行为，一并缴纳增值税，不缴纳营业税；其他单位和个人的混合销售行为，视为提供应税劳务，属于营业税的混合销售行为，一并缴纳营业税，不缴纳增值税。

简而言之，混合销售行为强调同一项销售行为中存在两类经营项目的混合，二者有从属关系。依纳税人经营主业，只征一种税。要么缴纳增值税，要么缴纳营业税，不存在同时缴纳增值税和营业税的情况，税法有特殊规定的从其规定。

根据新《营业税暂行条例实施细则》第七条的规定，纳税人的下列混合销售行为，应当分别核算应税劳务的营业额和货物的销售额，其应税劳务的营业额缴纳营业税，货物销售额不缴纳营业税；未分别核算的，由主管税务机关核定其应税劳务的营业额：

（1）提供建筑业劳务的同时销售自产货物的行为；

（2）财政部、国家税务总局规定的其他情形。

除上述规定外，从事货物的生产、批发或者零售的企业、企业性单位和个体工商户的混合销售行为，视为销售货物，不缴纳营业税；其他单位和个人的混合销售行为，视为提供应税劳务，缴纳营业税。货物是指有形动产，包括电力、热力、气体在内。从事货物的生产、批发或者零售的企业、企业性单位和个体工商户，包括以从事货物的生产、批发或者零售为主，并兼营应税劳务的企业、企业性单位和个体工商户在内。

◆ 营业税的兼营行为

营业税纳税人兼营应税劳务与货物或非应税劳务的行为，称为兼营行为。它强调同一纳税人的经营活动中存在两类经营项目，二者无直接从属关系。依纳税人核算水平，增值税行为缴纳增值税，营业税行为缴纳营业税。

根据新《营业税暂行条例实施细则》第八条的规定，纳税人兼营应税行为和货物或者非应税劳务的，应当分别核算应税行为的营业额和货物或者非应税劳务的销售额，其应税行为营业额缴纳营业税，货物或者非应税劳务销售额不缴纳营业税；未分别核算的，由主管税务机关核定其应税行为营业额。

◆ 营业税与增值税征收范围的政策规定

（1）根据《国家税务总局关于烧卤熟制食品征收流转税问题的批复》（国税函发[1996]261号）的规定，对饮食店、餐馆等饮食行业经营烧卤熟制食品的行为，不论消费者是否在现场消费，均应当征收营业税；而对专门生产或销售食品的工厂、商场等单位销售烧卤熟制食品，应当征收增值税。

根据《国家税务总局关于饮食业征收流转税问题的通知》(国税发[1996]202号)的规定，饮食店、餐馆(厅)、酒店(家)、宾馆、饭店等单位发生属于营业税“饮食业”应税行为的同时销售货物给顾客的，不论顾客是否在现场消费，其货物部分的收入均应当并入营业税应税收入征收营业税。饮食店、餐馆(厅)、酒店(家)、宾馆、饭店等单位附设门市部、外卖点等对外销售货物的，仍按《增值税暂行条例实施细则》和《营业税暂行条例实施细则》关于兼营行为的征税规定征收增值税。专门生产或销售货物(包括烧卤熟制食品在内)的个体经营者及其他个人应当征收增值税。

(2) 根据《财政部、国家税务总局关于个人提供非有形商品推销、代理等服务活动取得收入征收营业税和个人所得税有关问题的通知》(财税[1997]103号)的规定，雇员为本企业提供非有形商品推销、代理等服务活动取得佣金、奖励和劳务费等名目的收入，无论该收入采用何种计取方法和支付方式，均应计入该雇员的当期工资、薪金所得，按照《个人所得税法》及其实施条例和其他有关规定计算征收个人所得税；但可适用《营业税暂行条例实施细则》的第四条第一款规定，不征收营业税。非本企业雇员为企业提供非有形商品推销、代理等服务活动取得的佣金、奖励和劳务费等名目的收入，无论该收入采用何种计取方法和支付方式，均应计入个人从事服务业应税劳务的营业额，按照《营业税暂行条例》及其实施细则和其他有关规定计算征收营业税；上述收入扣除已缴纳的营业税税款后，应计入个人的劳务报酬所得，按照《个人所得税法》及其实施条例和其他有关规定计算征收个人所得税。

(3) 根据《国家税务总局关于外国企业向境内转让无形资产取得收入征收营业税问题的通知》(国税发[1998]4号)的规定，在中国境内未设立机构的外国企业向中国境内转让无形资产取得收入应当征收营业税。

(4) 根据《国家税务总局关于电梯保养、维修收入征税问题的批复》(国税函发[1998]390号)的规定，电梯属于增值税应税货物的范围，但安装运行之后，则与建筑物一道形成不动产。因此，对企业销售电梯(自产或购进的)并负责安装及保养、维修取得的收入，一并征收增值税；对不从事电梯生产、销售，只从事电梯保养和维修的专业公司对安装运行后的电梯进行的保养、维修取得的收入，征收营业税。

(5) 根据《国家税务总局关于我国境内企业向外国企业支付软件费扣缴营业税问题的通知》(国税发[2000]179号)的规定，外国企业向我国境内企业单独销售软件或随同销售邮电、通信设备和计算机等货物一并转让与这些货物使用相关的软件，国内受让企业进口上述软件，无论是否缴纳了关税和进口环节增值税，其所支付的软件使用费，均不再扣缴外国企业的营业税。外国企业向我国境内企业出租邮电、通信设备和计算机等货物，同时包含与这些货物使用相关的软件，如果软件单独收费，应视为出租上述货物的租金收入，根据《国家税务总局关于外国企业在中国境内取得的利息、租金收入是否征收营业税问题的通知》(国税发[1997]035号)的规定，不征收营业税。

(6)《财政部、国家税务总局关于营业税若干政策问题的通知》(财税[2003]16号)有如下规定。

① 燃气公司和生产、销售货物或提供增值税应税劳务的单位，在销售货物或提供增值税应税劳务时，代有关部门向购买方收取的集资费(包括管道煤气集资款〈初装费〉)、手续费、代收款等，属于增值税价外收费，应征收增值税，不征收营业税。

② 保险企业取得的追偿款不征收营业税。

以上所称追偿款，是指发生保险事故后，保险公司按照保险合同的约定向被保险人支付赔款，并从被保险人处取得对保险标的价款进行追偿的权利而追回的价款。

③《财政部、国家税务总局关于福利彩票有关税收问题的通知》(财税[2002]59号)规定："福利彩票机构发行销售福利彩票取得的收入不征收营业税"，其中的"福利彩票机构"包括福利彩票销售管理机构和与销售管理机构签有电脑福利彩票投注站代理销售协议书，并直接接受福利彩票销售管理机构的监督、管理的电脑福利彩票投注点。

④《财政部、国家税务总局关于对中国出口信用保险公司办理的出口信用保险业务不征收营业税的通知》(财税[2002]157号)规定："对中国出口信用保险公司办理的出口信用保险业务不征收营业税"，这里的"出口信用保险业务"包括出口信用保险业务和出口信用担保业务。

以上所称出口信用担保业务，是指与出口信用保险相关的信用担保业务，包括融资担保(如设计融资担保、项目融资担保、贸易融资担保等)和非融资担保(如投标担保、履约担保、预付款担保等)。

⑤ 随汽车销售提供的汽车按揭服务和代办服务业务征收增值税，单独提供按揭、代办服务业务，并不销售汽车的，应征收营业税。

(7) 根据《国家税务总局关于中国建筑工程总公司重组改制过程中转让股权不征营业税的通知》(国税函[2003]12号)的规定，中国建筑工程总公司进行的重组改制过程中发生的转让持有股权行为不属于营业税征税范围，不征营业税。

(8) 根据《国家税务总局关于商业企业向货物供应方收取的部分费用征收流转税问题的通知》(国税发[2004]136 号)的规定,自 2004 年 7 月 1 日起,商业企业向供货方收取的部分收入,按照以下原则征收增值税或营业税。

① 对商业企业向供货方收取的与商品销售量、销售额无必然联系,且商业企业向供货方提供一定劳务的收入,例如,进场费、广告促销费、上架费、展示费、管理费等,不属于平销返利,不冲减当期增值税进项税金,应按营业税的适用税目税率征收营业税。

② 对商业企业向供货方收取的与商品销售量、销售额挂钩(如以一定比例、金额、数量计算)的各种返还收入,均应按照平销返利行为的有关规定冲减当期增值税进项税金,不征收营业税。

商业企业向供货方收取的各种收入,一律不得开具增值税专用发票。应冲减进项税金的计算公式调整为:

$$\text{当期应冲减进项税金}=\frac{\text{当期取得的返还奖金}}{1+\text{所购货物适用增值税税率}}\times\text{所购货物适用增值税税率}$$

其他增值税一般纳税人向供货方收取的各种收入的纳税处理,比照本通知的规定执行。

(9) 根据《国家税务总局关于电力公司过网费收入征收增值税问题的批复》(国税函[2004]607 号)的规定,鉴于电力公司利用自身电网为发电企业输送电力过程中,需要利用输变电设备进行调压,属于提供加工劳务。根据《增值税暂行条例》有关规定,电力公司向发电企业收取的过网费,应当征收增值税,不征收营业税。

(10) 根据《国家税务总局关于住房专项维修基金征免营业税问题的通知》(国税发[2004]69 号)的规定,住房专项维修基金是属全体业主共同所有的一项代管基金,专项用于物业保修期满后物业共用部位、共用设施设备的维修和更新、改造。鉴于住房专项维修基金资金所有权及使用的特殊性,对房地产主管部门或其指定机构、公积金管理中心、开发企业以及物业管理单位代收的住房专项维修基金,不计征营业税。

(11) 根据《国家税务总局关于纳税人提供泥浆工程劳务征收流转税问题的批复》(国税函[2005]375 号)的规定,纳税人按照客户要求,为钻井作业提供泥浆和工程技术服务的行为,应按提供泥浆工程劳务项目,照章征收营业税,不征收增值税。"泥浆工程"是指为钻井作业提供泥浆和工程技术服务的行为。无论纳税人与建设单位如何核算,其营业额均包括工程所用原材料及其他物资和动力价款在内。

(12) 根据《财政部、国家税务总局关于福利彩票代销手续费收入征收营业税问题的通知》(财税[2005]118 号)的规定，电脑福利彩票投注点代销福利彩票取得的任何形式的手续费收入，应照章征收营业税。

(13) 根据《国家税务总局关于垃圾处置费征收营业税问题的批复》(国税函[2005]1128 号)的规定，单位和个人提供的垃圾处置劳务不属于营业税应税劳务，对其处置垃圾取得的垃圾处置费，不征收营业税。

(14) 根据《国家税务总局关于转让企业产权不征营业税问题的批复》(国税函[2002]165 号)的规定，转让企业产权是整体转让企业资产、债权、债务及劳动力的行为，其转让价格不仅仅是由资产价值决定的，与企业销售不动产、转让无形资产的行为完全不同。因此，转让企业产权的行为不属于营业税征收范围，不应征收营业税。

(15) 根据《财政部、国家税务总局关于开放式证券投资基金有关税收问题的通知》(财税[2002]128 号)的规定，以发行基金方式募集资金不属于营业税的征税范围，不征收营业税。金融机构(包括银行和非银行金融机构)申购和赎回基金单位的差价收入征收营业税；个人和非金融机构申购和赎回基金单位的差价收入不征收营业税。

(16) 根据《财政部、国家税务总局关于股权转让有关营业税问题的通知》(财税[2002]191 号)的规定，以无形资产、不动产投资入股，参与接受投资方利润分配，共同承担投资风险的行为，不征收营业税。对股权转让不征收营业税。

(17) 根据国家税务总局 2007 年发布的《关于港口设施保安费税收政策问题的通知》(国税发[2007]20 号)的规定，港口设施保安费是经国家发展改革委员会和交通部批准，自 2006 年 6 月 1 日起至 2009 年 5 月 31 日，由取得有效《港口设施保安符合证书》的港口设施经营人，向进出港口的外贸进出口货物(含集装箱)的托运人(或其代理人)或收货人(或其代理人)收取的费用，专项用于为履行国际公约所进行的港口保安设施的建设、维护和管理。

对港口设施经营人收取的港口设施保安费，应按照"服务业"税目全额征收营业税，同时并入其应纳税所得额中计征企业所得税；缴纳港口设施保安费的外贸进出口货物(含集装箱)的托运人(或其代理人)或收货人(或其代理人)等单位不得在其计算缴纳企业所得税时做税前扣除。

(18) 根据国家税务总局于 2007 年发布的《关于中国石油天然气集团公司矿区服务业务有关营业税问题的通知》(国税函[2007]964 号)的规定，中国石油天然气集团公司所属的矿区服务单位取得中国石油天然气集团公司支付的亏损补贴资金，不属于营业税征收范围，不征收营业税。

中国石油天然气集团公司所属的矿区服务单位为中国石油天然气集团公司所属的未上市企业提供矿区服务取得的收入，在中国石油天然气集团公司进行矿区服务业务改革前，按照《财政部、国家税务总局关于明确〈中华人民共和国营业税暂行条例实施细则〉第十一条有关问题的通知》(财税[2001]160号)的规定征收营业税；在中国石油天然气集团公司进行矿区服务业务改革后，应照章征收营业税。

(19) 根据国家税务总局于2007年发布的《关于受托种植植物、饲养动物征收流转税问题的通知》(国税发[2007]17号)的规定，单位和个人受托种植植物、饲养动物的行为，应按照营业税"服务业"税目征收营业税，不征收增值税。

上述单位和个人受托种植植物、饲养动物的行为，是指委托方向受托方提供其拥有的植物或动物，受托方提供种植或饲养服务并最终将植物或动物归还给委托方的行为。

(20) 根据《国家税务总局关于林木销售和管护征收流转税问题的通知》(国税函[2008]212号)的规定，纳税人销售林木以及销售林木的同时提供林木管护劳务的行为，属于增值税征收范围，应征收增值税。纳税人单独提供林木管护劳务行为属于营业税征收范围，其取得的收入中，属于提供农业机耕、排灌、病虫害防治、植保劳务取得的收入，免征营业税；属于其他收入的，应照章征收营业税。

实战训练

一、单项选择题

1. 对远洋运输企业从事程租、期租业务和航空运输业从事湿租业务取得的收入，按(　　)税目征收营业税。

A. 交通运输业　　B. 建筑业

C. 娱乐业　　D. 餐饮业

2. 交通运输业的营业税税率为(　　)。

A. 3%　　B. 5%

C. 7%　　D. 5%～20%

3. 财政部、国家税务总局第52号令公布的新《营业税暂行条例实施细则》，自(　　)起施行。

A. 2009年1月1日　　B. 2008年1月1日

C. 2009年3月1日　　D. 2008年3月1日

4. 对金融保险业(　　)业务不征营业税。

A. 保险公司的摊回分保费用

B. 融资租赁

C. 金融商品转让

D. 金融经纪业务和其他金融业务

二、多项选择题

1. 交通运输的营业税征收范围包括(　　)。

A. 陆路运输、水路运输

B. 陆路运输、水路运输、航空运输

C. 陆路运输、水路运输、航空运输、管道运输

D. 陆路运输、水路运输、航空运输、管道运输和装卸搬运

2. 交通运输业营业税的纳税人包括(　　)。

A. 铁路运输的纳税人　　B. 公路运输业的纳税人

C. 管道运输业的纳税人　　D. 航空运输业的纳税人

3. 金融保险业的营业税征税范围主要包括(　　)。

A. 贷款

B. 融资租赁(也称金融租赁)

C. 股票转让、债券转让、外汇转让、其他金融商品转让

D. 金融经纪业务和其他金融业务

4. 文化体育业的营业税纳税人包括(　　)。

A. 进行演出的单位和个人

B. 电台、电视台、影剧院等从事播映各种作品、节目的单位和个人

C. 举办文学、艺术、科技讲座，演讲、报告会，图书馆的图书借阅等业务的单位和个人

D. 经营公园、动物园、植物园以及其他各种游览场所业务的单位和个人

5. 娱乐业营业税征收范围包括(　　)。

A. 经营歌厅、舞厅、卡拉 OK 歌舞厅

B. 音乐茶座、台球、高尔夫球、保龄球场

C. 游艺场等娱乐场所

D. 娱乐场所为顾客进行娱乐活动提供服务的业务

三、判断题

1. 外汇转贷业务是指金融企业直接向境外借入外汇资金，然后再贷给国内企业或其他单位、个人。各银行总行向境外借入外汇资金后，通过

下属分支机构贷给境内单位或个人使用的,也属于外汇转贷业务。（ ）

2. 一般贷款业务,指除外汇转贷以外的各种贷款。（ ）

3. 邮电通信业营业税的纳税义务人是指在我国境内提供邮电通信劳务并取得货币、货物或者其他经济利益的单位和个人。（ ）

4. 根据新《营业税暂行条例》第一条的规定,在中华人民共和国境内提供本条例规定的劳务、转让无形资产或者销售不动产的单位和个人,为营业税的纳税人。（ ）

5. 凡是发生转让土地使用所有权、转让商标权、转让专利权、转让非专利技术、转让著作权和转让商誉等无形资产转让行为的单位和个人都是营业税的纳税人。（ ）

四、问答题

1. 在境内提供应税劳务、转让无形资产或者销售不动产是指什么?

2. 销售不动产的营业税征税范围有哪些?

第3章

营业税的计算与会计处理

3.1 营业税的税率

要 点

在税率设计上，新《营业税暂行条例》设置了两档比例税率和一档幅度税率。对于国家鼓励发展的行业，如交通运输业、建筑业、邮电通信业、文化体育业的税率为3%；对于在市场经济中迅速发展、盈利水平提高较快的金融保险业、服务业及转让无形资产、销售不动产的税率为5%；对于高消费的娱乐业则实行5%～20%的幅度税率。本节主要介绍营业税的税率。

解 释

◆ 营业税的税率

营业税的税目、税率见表3-1。

表3-1 营业税的税目和税率

税目	税率
一、交通运输业	3%
二、建筑业	3%
三、金融保险业	5%
四、邮电通信业	3%
五、文化体育业	3%
六、娱乐业	5%～20%
七、服务业	5%
八、转让无形资产	5%
九、销售不动产	5%

根据财政部、国家税务总局于2005年发布的《关于公路经营企业车辆通行费收入营业税政策的通知》(财税[2005]77号)，自2005年6月1

日起，对公路经营企业收取的高速公路车辆通行费收入统一减按3%的税率征收营业税。

根据《财政部、国家税务总局关于廉租住房经济适用住房和住房租赁有关税收政策的通知》(财税[2008]24号)的规定，自2007年8月1日起，对个人出租住房，不区分用途，在3%税率的基础上减半征收营业税。

相关知识

◆ 兼有不同税目的税务处理

纳税人兼有不同税目的应当缴纳营业税的劳务(以下简称应税劳务)、转让无形资产或者销售不动产，应当分别核算不同税目的营业额、转让额、销售额(以下统称营业额)；未分别核算营业额的，从高适用税率。

◆ 关于适用税目的政策规定

《财政部、国家税务总局关于营业税若干政策问题的通知》(财税[2003]16号)对相关税目应用有如下具体规定。

(1) 电影发行单位以出租电影拷贝形式将电影拷贝播映权在一定限期内转让给电影放映单位的行为按“转让无形资产”税目征收营业税。

(2) 单位和个人从事快递业务按“邮电通信业”税目征收营业税。

(3) 单位和个人在旅游景点经营索道取得的收入按“服务业”税目“旅游业”项目征收营业税。

(4) 单位和个人开办“网吧”取得的收入，按“娱乐业”税目征收营业税。

(5) 电信单位(指电信企业和经电信行政管理部门批准从事电信业务的单位，下同)提供的电信业务(包括基础电信业务和增值电信业务，下同)按“邮电通信业”税目征收营业税。

以上所称基础电信业务是指提供公共网络基础设施、公共数据传送和基本语音通信服务的业务，具体包括固定网国内长途及本地电话业务、移动通信业务、卫星通信业务、互联网及其他数据传送业务、网络元素出租出售业务、电信设备及电路的出租业务、网络接入及网络托管业务，国际通信基础设施国际电信业务、无线寻呼业务和转售的基础电信业务。

以上所称增值电信业务是指利用公共网络基础设施提供的电信与信息服务的业务，具体包括固定电话网增值电信业务、移动电话网增值电信业务、卫星网增值电信业务、互联网增值电信业务、其他数据传送网络增值电信业务等服务。

(6) 单位和个人转让在建项目时，不管是否办理立项人和土地使用人的更名手续，其实质是发生了转让不动产所有权或土地使用权的行为。对于转让在建项目行为应按以下办法征收营业税：

① 转让已完成土地前期开发或正在进行土地前期开发，但尚未进入施工阶段的在建项目，按“转让无形资产”税目中“转让土地使用权”项目征收营业税；

② 转让已进入建筑物施工阶段的在建项目，按“销售不动产”税目征收营业税。

在建项目是指立项建设但尚未完工的房地产项目或其他建设项目。

(7) 土地整理储备供应中心(包括土地交易中心)转让土地使用权取得的收入按“转让无形资产”税目中“转让土地使用权”项目征收营业税。

3.2 营业税的计算

要 点

本节主要介绍营业税计税依据的一般规定、营业税计税依据的具体规定及营业税的计算等知识。

解 释

◆ 营业税计税依据的一般规定

1. 营业税的计税依据为全额营业额

纳税人的营业额为纳税人提供应税劳务、转让无形资产或者销售不动产收取的全部价款和价外费用。价外费用包括收取的手续费、补贴、基金、集资费、返还利润、奖励费、违约金、滞纳金、延期付款利息、赔偿金、代收款项、代垫款项、罚息及其他各种性质的价外收费，但不包括同时符合以下条件代为收取的政府性基金或者行政事业性收费。

(1) 由国务院或者财政部批准设立的政府性基金，由国务院或者省级人民政府及其财政、价格主管部门批准设立的行政事业性收费。

(2) 收取时开具省级以上财政部门印制的财政票据。

(3) 所收款项全额上缴财政。

2. 营业税的计税依据为差额营业额

(1) 纳税人将承揽的运输业务分给其他单位或者个人的，以其取得的全部价款和价外费用扣除其支付给其他单位或者个人的运输费用后的余额为营业额。

(2) 纳税人从事旅游业务的，以其取得的全部价款和价外费用扣除替旅游者支付给其他单位或者个人的住宿费、餐费、交通费、旅游景点门票和支付给其他接团旅游企业的旅游费后的余额为营业额。

(3) 纳税人将建筑工程分包给其他单位的，以其取得的全部价款和价外费用扣除其支付给其他单位的分包款后的余额为营业额。

(4) 外汇、有价证券、期货等金融商品买卖业务，以卖出价减去买入价后的余额为营业额。

(5) 国务院财政、税务主管部门规定的其他情形。

纳税人按照规定扣除有关项目，取得的凭证不符合法律、行政法规或者国务院税务主管部门有关规定的，该项目金额不得扣除。

3. 营业额的核定

根据新《营业税暂行条例实施细则》第二十条的规定，对于出现价格明显偏低并无正当理由以及视同发生应税行为而无营业额的，按以下顺序确定其营业额。

(1) 按纳税人最近时期发生同类应税行为的平均价格核定。

(2) 按其他纳税人最近时期发生同类应税行为的平均价格核定。

(3) 按下列公式核定：

营业额＝营业成本或者工程成本×(1＋成本利润率)÷(1－营业税税率)

公式中的成本利润率，由省、自治区、直辖市税务局确定。

4. 营业额的折扣

根据新《营业税暂行条例实施细则》第十五条的规定，纳税人发生应税行为，如果将价款与折扣额在同一张发票上注明的，以折扣后的价款为营业额；如果将折扣额另开发票的，不论其在财务上如何处理，均不得从营业额中扣除。

5. 合法有效凭证

根据新《营业税暂行条例实施细则》第十九条的规定，符合国务院税务主管部门有关规定的凭证(统称合法有效凭证)，主要指以下几点。

(1) 支付给境内单位或者个人的款项，且该单位或者个人发生的行为属于营业税或者增值税征收范围的，以该单位或者个人开具的发票为合法有效凭证。

(2) 支付的行政事业性收费或者政府性基金，以开具的财政票据为合法有效凭证。

(3) 支付给境外单位或者个人的款项，以该单位或者个人的签收单据为合法有效凭证，税务机关对签收单据有疑义的，可以要求其提供境外公证机构的确认证明。

(4) 国家税务总局规定的其他合法有效凭证。

◆ 营业税计税依据的具体规定

1. 交通运输业

根据新《营业税暂行条例》第五条的规定，交通运输业的营业额，一般是指从事交通运输的纳税义务人所取得的全部营运收入，即全部价款和价外费用。就其取得收入的行为来看，主要有六种：陆路、水路、航空、管道、卸载搬运和与这些行为相关的业务性收入。

(1) 铁路运输

铁路运输业的营业额按其内容分主要包括：旅客票价收入、行李运费收入、包裹运费收入、邮运运费收入、货物运费收入、客货运服务收入、旅游车上浮票价收入、保价收入及其他收入。

根据国家税务总局2002年发布的《国家税务总局关于中央铁路征收营业税问题的通知》(国税发[2002]44号)，由铁道部集中缴纳的中央铁路运营业务营业税的营业额的具体范围包括以下内容。

① 旅客票价收入：包括车站发售国铁担当的旅客列车车票收入及国际联运国内段旅客车票收入(含优质优价收入)。

② 行李运费收入：包括发送行李运费，变更到站行李运费，国际联运国内段运费。

③ 包裹运费收入：包括发送包裹运费，变更到站包裹运费，国际联运国内段运费。

④ 邮运运费收入：包括自备邮政车挂运费，租用行李车和占用行李车空间使用费及邮政押运人员乘车费。

⑤ 货物运费收入：包括整车货物发到运费，运行运费，发送零担货物运费，发送集装箱货物运费，冷藏车运费，军运后付运费，国际联运国内段运费，水陆联运铁路段运费，变更到站货物运费，快运费(含快运业务收入)，京九分流运费，新路新价均摊运费，特殊运价运费，空车回送费，自备机车、货车和租用铁路机车挂运费，电力附加费。

⑥ 客运其他收入：包括到站、列车补收无票旅客车票收入，列车发售卧铺票收入，乘降所上车旅客车票收入，送票费，退票费，签证费，行李包裹装卸费、保管费、查询费、搬运费、变更手续费，站车对携带品超重、超限及无票运货补收的运杂费，到站发现行包品名、重量不符补收的运杂费，

运杂费迟交金，停留费，空驶费，包车租用费，客运票证事故赔款，国际联运中发生的客运杂费。

⑦ 货运其他收入：包括货物过秤费、暂存费、变更手续费、分卸作业费、超载违约金、查询费、验关手续费，货车中转技术作业费、取送车费、使用费、延期使用费、施封费、制冷费、冷却费、清扫洗刷除污费、篷布使用费、篷布延期使用费，集装箱使用费、延期使用费、拼箱费，自备箱管理费，守车租用费，路产专用线租用费，路产房屋、站场、设施出租费，非运用车使用费，特种货车使用费，隔离车使用费，防风网使用费，铁路码头使用费，合资和地方铁路、临管铁路货车使用费，自备(租用)货车停放费，押运人乘车费，货运计划违约金，捏报货物品名违约金，到站补收货物品名、重量不符运费，收回货主责任垫款，滞留费，空车回送费，机车作业费，运杂费迟交金，进出口货物声明价格费，货运票证事故赔款，合资和地方铁路、临管铁路相关服务清算款。

⑧ 客货运服务收入：包括站台票费，送票费，补票手续费，接取送达费，携带品暂存费，货物暂存费，有价表格费，签证费，贵宾室使用费，清扫费，国联集装箱服务费。

⑨ 铁路运营临管线收入。

⑩ 保价收入：包括行包保价收入，货物保价收入。

此外，还包括铁路建设基金收入和铁路关联收入(包括协议运输加价收入，自备车管理费等)。

需要注意的是，根据财政部和国家税务总局发布的《关于青藏铁路公司运营期间有关税收等政策问题的通知》(财税[2007]11号)，对青藏铁路公司取得的运输收入、付费收入、其他业务收入免征营业税。

(2) 航空运输

航空运输的营业额，按其内容可分为以下三个方面。

① 航空运输企业开展客运、货运、通用航空等空中运输业务而取得的客运收入、货运收入、邮运收入、专包机运输收入、通用航空收入以及运输价款中包含的保险费和价外收入的各种名目的基金或费用，以收入全额为营业额。

② 民航部门取得的地面服务收入，其营业额为收入全额。

③ 航空运输企业从事湿租业务取得的收入。

(3) 水路运输

水路运输的营业额，按其内容可分为以下三个方面。

① 水运部门从事的客运收入、货运收入、邮运收入和运输价款中包

含的保险费和价外收入的各种基金或费用,以收入全额为营业额。

② 水运部门取得的服务性收入,如打捞、理货、引航、系解缆绳、停泊、移泊、引水员交通费、过闸费、货物港务费等,以收入全额为营业额。

③ 远洋运输企业从事程租、期租业务取得的收入。

按财政部和国家税务总局2003年发布的《关于营业税若干政策问题的通知》(财税[2003]16号)的规定:"经地方税务机关批准使用运输企业发票,按'交通运输业'税目征收营业税的单位将承担的运输业务分给其他运输企业并由其统一收取价款的,以其取得的全部收入减去支付给其他运输企业的运费后的余额为营业额"。

(4) 政策规定

① 根据国家税务总局于2002年发布的《关于交通运输企业征收营业税问题的通知》(国税发[2002]25号)的规定:远洋运输企业从事程租、期租业务和航空运输企业从事湿租业务取得的收入,按"交通运输业"税目征收营业税。

程租业务是指远洋运输企业为租船人完成某一特定航次的运输任务并收取租赁费的业务。

期租业务是指远洋运输企业将配备有操作人员的船舶承租给他人使用一定期限,承租期内听候承租方调遣,不论是否经营,均按天向承租方收取租赁费,发生的固定费用(如人员工资、维修费用等)均由船东负担的业务。

湿租业务是指航空运输企业将配备有机组人员的飞机承租给他人使用一定期限,承租期内听候承租方调遣,不论是否经营,均按一定标准向承租方收取租赁费,发生的固定费用(如人员工资、维修费用等)均由承租方负担的业务。

对远洋运输企业从事光租业务和航空运输企业从事干租业务取得的收入,按"服务业"税目中的"租赁业"项目征收营业税。

光租业务是指远洋运输企业将船舶在约定的时间内出租给他人使用,不配备操作人员,不承担运输过程中发生的各种费用,只收取固定租赁费的业务。

干租业务是指航空运输企业将飞机在约定的时间内出租给他人使用,不配备机组人员,不承担运输过程中发生的各种费用,只收取固定租赁费的业务。

② 根据国家税务总局于2004年发布的《关于货物运输业若干税收问题的通知》(国税发[2004]88号)的规定,货物运输业按代开票纳税人

管理的所有单位和个人(包括外商投资企业、特区企业和其他单位、个人),凡按规定应当征收营业税,在代开货物运输业发票时一律按开票金额的3%征收营业税,按营业税税款的7%预征城建税,按营业税税款的3%征收教育费附加。同时按开票金额3.3%预征所得税,预征的所得税年终时进行清算。但代开票纳税人实行核定征收企业所得税办法的,年终不再进行所得税清算。

在代开票时已征收的属于法律法规规定的减征或者免征的营业税及城市维护建设税、教育费附加、所得税以及高于法律法规规定的城市维护建设税税率的税款,在下一征税期退税。具体退税办法按《国家税务总局、中国人民银行、财政部关于现金退税问题的紧急通知》(国税发[2004]47号)执行。

对代开票纳税人实行定期定额征收方法。凡核定的营业额低于当地确定的营业税起征点的,不征收营业税;凡核定的营业额高于当地确定的营业税起征点的,代开发票时按规定征收税款。单位和个人利用自备车辆偶尔对外提供货物运输劳务的,可不进行定期定额管理,代开票时对其按次征税。

代开票纳税人实行定期定额征收方法时,为避免在代开票时按票征收发生重复征税,对代开票纳税人可采取以下征收方法:

在代开票时按开具的货物运输业发票上注明的营业税应税收入按规定征收(代征)营业税、所得税及教育费附加;

代开票纳税人采取按月还是按季结算,由省级地方税务局确定;

代开票纳税人在缴纳定额税款时,如其在代开票时取得的税收完税凭证上注明的税款大于定额税款,不再缴纳定额税款;如完税凭证上注明的税款小于定额的,则补缴完税凭证上注明的税款与定额税款差额部分。

代开票纳税人从事联运业务的,其计征营业税的营业额为代开的货物运输业发票注明的营业税应税收入,不得减除支付给其他联运合作方的各种费用。

③ 根据《国家税务总局关于客运飞机腹舱联运收入营业税问题的通知》(国税函[2005]202号)的规定,中国国际航空股份有限公司(简称国航)与中国国际货运航空有限公司(简称货航)开展客运飞机腹舱联运业务时,国航以其收到的腹舱收入为营业额;货航以其收到的货运收入扣除支付给国航的腹舱收入的余额为营业额,营业额扣除凭证为国航开具的“航空货运单”。

2. 建筑业

建筑业的营业额为建筑、修缮、安装、装饰和其他工程作业取得的营业收入额，即建筑安装企业向建设单位收取的工程价款及工程价款之外收取的各种费用。

(1) 建筑业的工程价款由下列四项内容组成：

① 根据实际完成的工作量和预算单位计算的直接费；

② 根据直接费数额和管理费收费标准计算的间接费；

③ 根据直接费、间接费和规定标准计算的计划利润；

④ 根据直接费、间接费、计划利润、按国家规定的税(费)标准计算的营业税、城市维护建设税和教育费附加。以下根据相关税法规定，阐述建筑业应当如何依法确定营业额。

(2) 建筑业应当按照具体的建筑业务情形，合法合理地确定营业额。

① 包工包料和包工不包料的营业额

a. 根据新《营业税暂行条例》第五条的规定，纳税人的营业额为纳税人提供应税劳务、转让无形资产或者销售不动产收取的全部价款和价外费用。

新《营业税暂行条例实施细则》第十六条的规定，纳税人提供建筑业劳务(不含装饰劳务)的，其营业额应当包括工程所用原材料、设备及其他物资和动力价款在内，但不包括建设方提供的设备的价款。因此，无论建筑合同如何约定(包工包料或包工不包料)，建筑业营业额均含建筑劳务以及工程所用原材料及其他物资和动力。

b. 若包工包料中的料是提供建筑业劳务的纳税人自产并销售给建设单位的货物，或纳税人同时提供增值税应税劳务的，根据《关于纳税人销售自产货物提供增值税应税劳务并同时提供建筑业劳务征收流转税问题的通知》(国税发[2002]117 号)的要求，则应当按照以下规定确定建筑业劳务的营业额。

对纳税人以签订建设工程施工总包或分包合同(包括建筑、修缮、安装、装饰和其他工程总包或分包合同)方式开展经营，提供建筑劳务，同时销售自产产品或提供增值税应税劳务。新《营业税暂行条例实施细则》第七条规定，应当分别核算应税劳务的营业额和货物的销售额，其应税劳务的营业额缴纳营业税，货物销售额不缴纳营业税；未分别核算的，由主管税务机关核定其应税劳务的营业额。

② 从事安装工程作业营业额的规定

根据新《营业税暂行条例实施细则》第十六条的规定，纳税人从事安装工程作业，凡所安装的设备的价值作为安装工程产值的，其营业额应包括设备的价款。因此，若安装工程合同之工程产值不含设备价款，则营业额也不含该等设备价款。

③ 根据《财政部、国家税务总局关于营业税若干政策问题的通知》(财税[2003]16号)的规定，通信线路工程和输送管道工程所使用的电缆、光缆和构成管道工程主体的防腐管段、管件(弯头、三通、冷弯管、绝缘接头)、清管器、收发球筒、机泵、加热炉、金属容器等物品均属于设备，其价值不包括在工程的计税营业额中。其他建筑安装工程的计税营业额也不应包括设备价值，各省级地方税务机关按照财税[2003]16号文件要求，均发文列举具体可以不计入工程营业额的设备名单。

④ 根据《财政部、国家税务总局关于纳税人以清包工形式提供装饰劳务征收营业税问题的通知》(财税[2006]114号)的规定，纳税人采用清包工形式提供的装饰劳务，按照其向客户实际收取的人工费、管理费和辅助材料费等收入(不含客户自行采购的材料价款和设备价款)确认计税营业额。上述以清包工形式提供的装饰劳务是指，工程所需的主要原材料和设备由客户自行采购，纳税人只向客户收取人工费、管理费及辅助材料费等费用的装饰劳务。

3. 金融保险业

金融保险业营业额是指纳税人提供金融、保险劳务所取得的全部价款和价外费用。就金融业取得收入的行为来看，营业额主要有三种类型，即全额利息收入、差额(或收益额)利息收入和金融服务性收入。

(1) 营业额的一般规定

根据新《营业税暂行条例》第五条的规定，纳税人的营业额为纳税人提供应税劳务、转让无形资产或者销售不动产收取的全部价款和价外费用。

根据新《营业税暂行条例》第五条第四项的规定，外汇、有价证券、期货等金融商品买卖业务，以卖出价减去买入价后的余额为营业额。

根据新《营业税暂行条例实施细则》第十八条的规定，外汇、有价证券、期货等金融商品买卖业务，是指纳税人从事的外汇、有价证券、非货物期货和其他金融商品买卖业务。货物期货不缴纳营业税。

(2) 其他规定

① 融资租赁业务。根据财政部、国家税务总局于1999年发布的《关于融资租赁业营业税计税营业额问题的通知》(财税字[1999]183号)的规定，纳税人经营融资租赁业务，以其向承租者收取的全部价款和价外费用减去出租方承担的出租货物的实际成本后的余额为营业额，并依此征收营业税。出租货物的实际成本，包括纳税人为购买出租货物而发生的

境外外汇借款利息支出。计算方法为：

本期营业额＝(应收取的全部价款和价外费用－实际成本)×(本期天数÷总天数)

实际成本＝货物购入原价＋关税＋增值税＋消费税＋运杂费＋安装费＋保险费＋支付给境外的外汇借款利息支出

② 金融商品转让业务，按股票、债券、外汇、其他四大类来划分。同一大类不同品种金融商品买卖出现的正负差，在同一个纳税期内可以相抵，相抵后仍出现负差的，可结转下一个纳税期相抵，但年末时仍出现负差的，不得转入下一个会计年度。金融商品的买入价，可以选定按加权平均法或移动加权法进行核算，选定后一年内不得变更。

金融商品转让业务营业额为买卖价差收入，即营业额＝卖出价－买入价。卖出价是指卖出原价，不得扣除卖出过程中支付的任何费用和税金；买入价是指购进原价，不得包括购进过程中支付的各种费用和税金。

③ 金融经纪业务和其他金融业务(中间业务)营业额为手续费(佣金)类的全部收入，包括价外收取的代垫、代收代付费用(如邮电费、工本费)加价等，从中不得作任何扣除。

④ 保险。营业额为纳税人经营保险业务向对方收取的全部价款，即向被保险人收取的全部保险费。

保险公司如采用收取储金方式取得经济利益的(即以被保险人所交保险资金的利息收入作为保费收入，保险期满后将保险资金本金返还被保险人)，其“储金业务”的营业额，为纳税人在纳税期内的储金平均余额乘以人民银行公布的一年期存款的月利率。储金平均余额为纳税期期初储金余额与期末余额之和乘以50%。

(3) 政策规定

① 根据财政部、国家税务总局于2006年发布的《关于信贷资产证券化有关税收政策问题的通知》(财税[2006]5号)的规定，对受托机构从其受托管理的信贷资产信托项目中取得的贷款利息收入，应全额征收营业税。

在信贷资产证券化的过程中，贷款服务机构取得的服务费收入、受托机构取得的信托报酬、资金保管机构取得的报酬、证券登记托管机构取得的托管费、其他为证券化交易提供服务的机构取得的服务费收入等，均应按现行营业税的政策规定缴纳营业税。

对金融机构(包括银行和非银行金融机构)投资者买卖信贷资产支持证券取得的差价收入征收营业税；对非金融机构投资者买卖信贷资产支

持证券取得的差价收入，不征收营业税。

② 根据财政部、国家税务总局于2005年发布的《关于合格境外机构投资者营业税政策的通知》(财税[2005]155号)的规定，对合格境外机构投资者(QFII)委托境内公司在我国从事证券买卖业务取得的差价收入，免征营业税。

③ 根据《财政部、国家税务总局关于资本市场有关营业税政策的通知》(财税[2004]203号)的规定，自2005年1月1日起，准许上海、深圳证券交易所代收的证券交易监管费从其营业税计税营业额中扣除。准许上海、郑州、大连期货交易所代收的期货市场监管费从其营业税计税营业额中扣除。准许证券公司代收的以下费用从其营业税计税营业额中扣除。

a. 为证券交易所代收的证券交易监管费。

b. 代理他人买卖证券代收的证券交易所经手费。

c. 为中国证券登记结算公司代收的股东账户开户费(包括A股和B股)、特别转让股票开户费、过户费、B股结算费、转托管费。准许期货经纪公司为期货交易所代收的手续费从其营业税计税营业额中扣除。

④ 根据《财政部、国家税务总局关于中国证券登记结算公司有关营业税政策的通知》(财税[2004]204号)的规定，自2005年1月1日起，准许中国证券登记结算公司代收的以下资金项目从其营业税计税营业额中扣除，具体包括以下内容。

a. 按规定提取的证券结算风险基金。

b. 代收代付的证券公司资金交收违约垫付资金利息。

c. 结算过程中代收代付的资金交收违约罚息。

⑤ 根据《财政部、国家税务总局关于证券投资者保护基金有关营业税问题的通知》(财税[2006]172号)的规定，自2006年11月1日起，准许上海、深圳证券交易所上缴的证券投资者保护基金从其营业税计税营业额中扣除；准许证券公司上缴的证券投资者保护基金从其营业税计税营业额中扣除；准许中国证券登记结算公司和主承销商代扣代缴的证券投资者保护基金从其营业税计税营业额中扣除。

4. 邮电通信业

根据《营业税暂行条例》第五条的规定，纳税人的营业额为纳税人提供应税劳务、转让无形资产或者销售不动产向对方收取的全部价款和价外费用。

邮电通信业的营业额，即通常所说的邮电通信业的计税依据，是邮电通信业纳税人在提供邮电通信劳务时向对方收取的全部价款，包括价外取得的一切费用，如手续费、服务费、基金等。显然，邮电通信业的营业额与纳税义务人财务会计核算中的"营业收入"是不相同的。

邮电通信业的营业额按照纳税人取得收入的行为，可以分为两种确定形式：一是以取得收入的全额确定为营业额，如传递函件或包件、邮汇等业务的营业额；二是以实际取得的收入额，即差额或收益额确定为营业额，如报刊发行、邮政储蓄等业务的营业额。

(1) 邮政业务的营业额

邮政业务的营业额是指提供传递函件或包件、邮汇、报刊发行、邮务物品销售、邮政储蓄、其他邮政业务的收入。

(2) 电信业务的营业额

电信业务的营业额是指提供电报、电话、电传、电话机安装、电信物品销售、其他电信业务的收入。

① 根据国家税务总局于 2007 年发布的《关于中国电信集团公司和中国电信股份有限公司所属子公司业务销售附带赠送行为征收流转税问题的通知》(国税函[2007]414 号)的规定，中国电信子公司开展以业务销售附带赠送电信服务业务(包括赠送用户一定的业务使用时长、流量或业务使用费额度，赠送有价卡预存款或者有价卡)的过程中，其附带赠送的电信服务是无偿提供电信业劳务的行为，不属于营业税征收范围，不征收营业税。

中国电信子公司开展的以业务销售附带赠送实物业务(包括赠送用户小灵通、手机、电话机、SIM 卡、网络终端或有价物品等实物)，属于电信单位提供电信业劳务的同时赠送实物的行为，按照现行流转税政策规定，不征收增值税，其进项税额不得予以抵扣；其附带赠送实物的行为是电信单位无偿赠与他人实物的行为，不属于营业税征收范围，不征收营业税。

② 根据《财政部、国家税务总局关于中国移动通信集团公司、中国联合通信股份有限公司与中国扶贫基金会合作项目有关营业税政策的通知》(财税[2008]34 号)的规定，自 2008 年 4 月 1 日起，对中国移动通信集团公司、中国联合通信股份有限公司通过手机特服号"10699999"为中国扶贫基金会接受捐款业务，以全部收入减去支付给中国扶贫基金会的价款后的余额为营业额，计算征收营业税。

③ 国家税务总局《关于中国联合网络通信有限公司及所属分公司与联通新时空移动通信有限公司及所属分公司联合开展电信业务营业税问题的通知》(国税函[2009]224 号)有如下规定。

自 2009 年 1 月 1 日起，联通有限公司及所属分公司应就其向电信用户收取的全部收入减去支付给联通新时空及所属分公司价款后的余额为营业额缴纳营业税，联通新时空及所属分公司从联通有限公司及所属分公司取得的电信业务收入按照“邮电通信业”税目缴纳营业税。

自 2009 年 1 月 1 日起，移动有限公司及所属子公司应就其向 TD-SCDMA 用户收取的全部收入减去支付给移动集团及所属分公司价款后的余额为营业额缴纳营业税，移动集团及所属分公司从移动有限公司及所属子公司分得的 TD-SCDMA 业务收入按照“邮电通信业”税目缴纳营业税。

自 2008 年 10 月 1 日起，电信股份分公司应就其向 CDMA 用户收取的全部收入减去支付给电信网络分公司价款后的余额为营业额缴纳营业税，电信网络分公司从电信股份分公司分得的 CDMA 业务收入按照“邮电通信业”税目缴纳营业税。

5. 文化体育业

根据新《营业税暂行条例》第五条的规定，纳税人的营业额为纳税人提供应税劳务、转让无形资产或者销售不动产向对方收取的全部价款和价外费用。

文化体育业的应税营业额是指纳税人经营文化业、体育业所取得的全部收入，其中包括演出收入、播映收入、其他文化收入、经营游乐场所的收入和体育收入，但单位或个人进行演出所计应税营业额应当以全部收入减去支付给提供演出场地的单位、演出公司或经纪人等的费用后的余额来确定。

6. 娱乐业

根据新《营业税暂行条例》第五条的规定，纳税人的营业额为纳税人提供应税劳务、转让无形资产或者销售不动产向对方收取的全部价款和价外费用。

根据新《营业税暂行条例实施细则》第十七条的规定，娱乐业的应税营业额为经营娱乐业向顾客收取的各种费用所形成的收入，包括门票、台位费、点歌费、烟酒和饮料费及经营娱乐业的其他各项收入。

7. 服务业

根据新《营业税暂行条例》第五条的规定，纳税人的营业额为纳税人提供应税劳务、转让无形资产或者销售不动产向对方收取的全部价款和价外费用。

服务业的营业额是指纳税人提供代理业、旅店业、饮食业、旅游业、仓储业、租赁业、广告业、其他服务业的应税劳务向对方收取的全部价款和价外费用。

(1) 代理业

纳税人从事代理业务,应以其向委托人收取的全部价款和价外费用减除现行税收政策规定的可扣除部分后的余额为计税营业额。

① 代理报关业务

根据国家税务总局2006年发布的《关于加强代理报关业务营业税征收管理有关问题的通知》(国税函[2006]1310号)的规定,代理报关业务是指接受进出口货物收、发货人的委托,代为办理报关相关手续的业务,应按照“服务业——代理业”税目征收营业税。纳税人从事代理报关业务,以其向委托人收取的全部价款和价外费用扣除以下项目金额后的余额为计税营业额申报缴纳营业税。

a. 支付给海关的税金、签证费、滞报费、滞纳金、查验费、打单费、电子报关平台费、仓储费。

b. 支付给检验检疫单位的三检费、熏蒸费、消毒费、电子保险平台费。

c. 支付给预录入单位的预录费。

d. 国家税务总局规定的其他费用。

纳税人从事代理报关业务,应按其从事代理报关业务取得的全部价款和价外费用向委托人开具发票。纳税人从事代理报关业务,应凭其取得的开具给本纳税人的发票或其他合法有效凭证作为差额征收营业税的扣除凭证。

② 无船承运业务

根据国家税务总局于2006年发布的《关于无船承运业务有关营业税问题的通知》(国税函[2006]1312号)的规定,无船承运业务是指无船承运业务经营者以承运人身份接受托运人的货载,签发自己的提单或其他运输单证,向托运人收取运费,通过国际船舶运输经营者完成国际海上货物运输,承担承运人责任的国际海上运输经营活动。无船承运业务应按照“服务业——代理业”税目征收营业税。

纳税人从事无船承运业务,以其向委托人收取的全部价款和价外费用扣除其支付的海运费以及报关、港杂、装卸费用后的余额为计税营业额申报缴纳营业税。

纳税人从事无船承运业务,应按照其从事无船承运业务取得的全部价款和价外费用向委托人开具发票,同时应凭其取得的开具给本纳税人的发票或其他合法有效凭证作为差额缴纳营业税的扣除凭证。

③ 根据《国家税务总局关于律师事务所办案费收入征收营业税问题的批复》(国税函发[1995]479 号)的规定，对律师事务所在办案过程中向委托人收取的一切费用，包括办案费等，无论其收费的名称如何，也不论财务会计如何核算，均应并入营业额中计算应纳税额。

④ 根据《国家税务总局关于外事服务单位营业额问题的通知》(国税函[2002]1095 号)的规定，外事服务单位为外国常驻机构、三资企业和其他企业提供人力资源服务的，其营业额为从委托方取得的全部收入减除代委托方支付给聘用人员的工资及福利费和缴纳的社会统筹、住房公积金后的余额。

⑤ 根据《国家税务总局关于代理业营业额问题的通知》(国税发[2003]69 号)的规定，代理业的营业额为纳税人从事代理业务实际取得的报酬金，服务性单位从事餐饮中介服务的营业额为向委托方和餐饮企业实际收取的中介服务费，不包括其代委托方转付的就餐费用。

(2) 旅店业

旅店业的营业额为提供住宿服务的各项收入。旅店业的服务项目较多，除住宿和用餐外，还提供洗衣、理发、医疗、娱乐等服务项目，并出租车辆、代办邮电、代购车船票，经销一些日用商品和旅游纪念品等。由于旅店业的服务范围广泛，在征收营业税时，要区分税目之间的营业额；未分别核算营业额的，应按新《营业税暂行条例》第三条规定，从高适用税率征税。

(3) 饮食业

饮食业的营业额为提供餐饮服务的各项收入，对于饮食业企业附带销售烟酒等货物的，按新《营业税暂行条例实施细则》第八条的规定，“应当分别核算应税行为的营业额和货物或者非应税劳务的销售额，其应税行为营业额缴纳营业税，货物或者非应税劳务销售额不缴纳营业税”，对于餐饮企业自制月饼、蛋糕等食品，如果对外销售，则应征收增值税；如果只供应给本店客人，则按饮食业征收营业税。

(4) 旅游业

对旅游业征收营业税是以旅游业务的营业收入额作为计税营业额。

根据《营业税暂行条例》第五条第二项的规定，纳税人从事旅游业务的，以其取得的全部价款和价外费用扣除替旅游者支付给其他单位或者个人的住宿费、餐费、交通费、旅游景点门票和支付给其他接团旅游企业的旅游费后的余额为营业额。

按财政部、国家税务总局 2003 年发布的《关于营业税若干政策问题的通知》(财税[2003]16号)的规定,旅游企业组织旅游团在中国境内旅游的,以收取的旅游费减去替旅游者支付给其他单位的住房费、餐费、交通、门票和其他代付费用后的余额为营业额。旅游企业组织旅游团到中华人民共和国境外旅游,在境外改由其他旅游企业接团的,以全程旅游费减去付给该接团企业的旅游费后的余额为营业额。旅游企业组织旅客在中华人民共和国境内旅游,改由其他旅游企业接团的,以全程旅游费减去付给该接团企业的旅游费后的余额为营业额。有些旅游企业,本身具备了食、宿、行的设施和功能,在组织旅客旅游时,不需为旅客向另外的宾馆、车队支付住宿、饮食、交通费用,而只需购买燃料、烹制食品等,利用自己的交通工具、饮食服务设施,为游客提供旅游必需的住、吃、行服务,对这类旅游企业,在确定营业额时,是不能允许扣除的。

(5) 仓储业

仓储业是指利用仓库、货场或其他场所代客储放、保管货物的业务。仓储业的营业额为经营仓储业务向顾客收取的全部费用。

(6) 租赁业

租赁业务的营业额是经营租赁业务所收取的租金全额收入,转租业务也应全额征税。

① 根据财政部、国家税务总局于2003年发布的《关于营业税若干政策问题的通知》(财税[2003]16号)的规定,双方签订承包、租赁合同(协议),将企业或企业部分资产出包、租赁,出包、出租者向承包、承租方收取的承包费、租赁费(承租费)按“服务业”税目征收营业税。出包方收取的承包费凡同时符合以下三个条件的,属于企业内部分配行为不征收营业税。

a. 承包方以出包方名义对外经营,由出包方承担相关的法律责任。

b. 承包方的经营收支全部纳入出包方的财务会计核算。

c. 出包方与承包方的利益分配是以出包方的利润为基础的。

② 根据国家税务总局于2006年发布的《关于勘察设计劳务征收营业税问题的通知》(国税函[2006]1245号)的规定,对勘察设计单位将承担的勘察设计劳务分包或转包给其他勘察设计单位或个人并由其统一收取价款的,以其取得的勘察设计总包收入减去支付给其他勘察设计单位或个人的勘察设计费后的余额为营业税计税营业额。

③ 根据国家税务总局于2005年发布的《关于中国石化集团销售实业公司资产租赁收入征收营业税问题的通知》(国税发[2005]204号)的规定,为调整优化产业结构,石化集团拟采取由其在北京注册的全资子公

司——中国石化集团销售实业公司出资的方式，投资建设成品油管线、高速公路服务区和部分中心城市加油站，资产形成后租赁给中国石油化工股份有限公司（简称石化股份）在当地的分（子）公司经营管理。由于销售实业公司没有分支机构，资产租赁收入由销售实业公司统一收取。销售实业公司统一收取资产租赁收入按以下方式缴纳营业税。

a. 销售实业公司在全国各地取得的资产租赁收入向其资产所在地主管税务机关申报缴纳营业税。

b. 销售实业公司可根据实际收取的租赁收入，向支付租金的石化股份有关分（子）公司开具由北京市地方税务局监制的发票。所开发票票面必须载明付款单位全称、租金金额、开票日期等内容。

c. 销售实业公司统一收取的资产租赁收入，减除在各省市已缴纳营业税（凭各省、市地方税务局开具的完税凭证）的租赁收入后的余额，作为其在北京清算缴纳营业税的营业额，向北京市地方税务局申报缴纳营业税。

8. 转让无形资产

无形资产是指不具有实物形态，但能带来经济利益的资产。转让无形资产是指转让无形资产的所有权或使用权的行为。转让无形资产的征税范围包括：转让土地使用权、转让商标权、转让专利权、转让非专利技术、转让著作权、转让商誉等。

根据新《营业税暂行条例》第五条的规定，转让无形资产的营业额应为纳税人转让无形资产向对方收取的全部价款和价外费用。

需要注意的是，新《营业税暂行条例》明确了单位和个人转让无形资产都应缴纳营业税。此外，根据财政部、国家税务总局于2002年发布的《关于股权转让有关营业税问题的通知》（财税[2002]191号）的规定，以无形资产、不动产投资入股，参与接受投资方利润分配，共同承担投资风险的行为，不征收营业税；对股权转让不征收营业税。

9. 销售不动产

根据新《营业税暂行条例》第五条的规定，销售不动产的应税营业额，即销售额，是指销售不动产时向对方收取的全部价款和价外费用。价外费用包括向对方收取的手续费、基金、集资费、代收款项、代垫款项及其他各种性质的价外收费。

（1）单位和个人转让在建项目

根据财政部、国家税务总局于2003年发布的《关于营业税若干政策问题的通知》（财税[2003]16号）的规定，单位和个人转让在建项目时，不管是否办理立项人和土地使用人的更名手续，其实质均是发生了转让不动产所有权或土地使用权的行为。对于转让在建项目行为应按以下办法征收营业税。

① 转让已完成土地前期开发或正在进行土地前期开发，但尚未进入施工阶段的在建项目，按“转让无形资产”税目中“转让土地使用权”项目征收营业税。

② 转让已进入建筑物施工阶段的在建项目，按“销售不动产”税目征收营业税。

在建项目是指立项建设但尚未完工的房地产项目或其他建设项目。

(2) 个人住房转让

根据财政部、国家税务总局发布的《关于个人住房转让营业税政策的通知》(财税[2008]174 号)的规定，自 2009 年 1 月 1 日至 12 月 31 日，个人将购买不足 2 年的非普通住房对外销售的，全额征收营业税；个人将购买超过 2 年(含 2 年)的非普通住房或者不足 2 年的普通住房对外销售的，按照其销售收入减去购买房屋的价款后的差额征收营业税；个人将购买超过 2 年(含 2 年)的普通住房对外销售的，免征营业税。

(3) 股权转让

根据财政部、国家税务总局于 2002 年发布的《关于股权转让有关营业税问题的通知》(财税[2002]191 号)的规定，以无形资产、不动产投资入股，参与接受投资方利润分配，共同承担投资风险的行为，不征收营业税；对股权转让不征收营业税。

◆ 营业税的计算

根据新《营业税暂行条例》第四条和新《营业税暂行条例实施细则》第十四条、第二十一条的规定，纳税人提供应税劳务、转让无形资产或者销售不动产，按照营业额和规定的税率计算应纳税额。应纳税额计算公式为：

$$应纳税额=营业额\times税率$$

营业额以人民币计算。纳税人以人民币以外的货币结算营业额的，应当折合成人民币计算。人民币折合率可以选择营业额发生的当天或者当月 1 日的人民币汇率中间价。纳税人应当在事先确定采用何种折合率，确定后 1 年内不得变更。若纳税人按营业额计算缴纳营业税后由于发生退款减除营业额的，应当退还已缴纳营业税税款或者从纳税人以后的应缴纳营业税税额中减除。

相关知识

◆ 营业额的相关政策规定

根据财政部、国家税务总局《关于营业税若干政策问题的通知》(财税[2003]16号),对营业税的营业额做如下规定。

(1) 单位和个人提供营业税应税劳务、转让无形资产和销售不动产发生退款,凡该项退款已征收过营业税的,允许退还已征税款,也可以从纳税人以后的营业额中减除。

(2) 单位和个人在提供营业税应税劳务、转让无形资产、销售不动产时,如果将价款与折扣额在同一张发票上注明的,以折扣后的价款为营业额;如果将折扣额另开发票的,不论其在财务上如何处理,均不得从营业额中减除。

电信单位销售的各种有价电话卡,由于其计费系统只能按有价电话卡面值出账并按有价电话卡面值确认收入,不能直接在销售发票上注明折扣折让额,以按面值确认的收入减去当期财务会计上体现的销售折扣折让后的余额为营业额。

(3) 单位和个人提供应税劳务、转让无形资产和销售不动产时,因受让方违约而从受让方取得的赔偿金收入,应并入营业额中征收营业税。

(4) 单位和个人因财务会计核算办法改变将已缴纳过营业税的预收性质的价款逐期转为营业收入时,允许从营业额中减除。

(5) 保险企业已征收过营业税的应收未收保费,凡在财务会计制度规定的核算期限内未收回的,允许从营业额中减除。在会计核算期限以后收回的已冲减的应收未收保费,再并入当期营业额中。

(6) 保险企业开展无赔偿奖励业务的,以向投保人实际收取的保费为营业额。

(7) 中华人民共和国境内的保险人将其承保的以境内标的物为保险标的的保险业务向境外再保险人办理分保的,以全部保费收入减去分保保费后的余额为营业额。

境外再保险人应就其分保收入承担营业税纳税义务,并由境内保险人扣缴境外再保险人应缴纳的营业税税款。

(8) 金融企业(包括银行和非银行金融机构,下同)从事股票、债券买卖业务以股票、债券的卖出价减去买入价后的余额为营业额。买入价依照财务会计制度规定,以股票、债券的购入价减去股票、债券持有期间取得的股票、债券红利收入的余额确定。

(9) 金融企业买卖金融商品(包括股票、债券、外汇及其他金融商品,下同)，可在同一会计年度末，将不同纳税期出现的正差和负差按同一会计年度汇总的方式计算并缴纳营业税，如果汇总计算应缴的营业税税额小于本年已缴纳的营业税税额，可以向税务机关申请办理退税，但不得将一个会计年度内汇总后仍为负差的部分结转下一会计年度。

(10) 金融企业从事受托收款业务，如代收电话费、水电煤气费、信息费、学杂费、寻呼费、社保统筹费、交通违章罚款、税款等，以全部收入减去支付给委托方价款后的余额为营业额。

(11) 经中国人民银行、外经贸部和国家经贸委批准经营融资租赁业务的单位从事融资租赁业务的，以其向承租者收取的全部价款和价外费用(包括残值)减除出租方承担的出租货物的实际成本后的余额为营业额。

以上所称出租货物的实际成本，包括由出租方承担的货物的购入价、关税、增值税、消费税、运杂费、安装费、保险费和贷款的利息(包括外汇借款和人民币借款利息)。

(12) 劳务公司接受用工单位的委托，为其安排劳动力，凡用工单位将其应支付给劳动力的工资和为劳动力上交的社会保险(包括养老保险、医疗保险、失业保险、工伤保险等，下同)以及住房公积金统一交给劳务公司代为发放或办理的，以劳务公司从用工单位收取的全部价款减去代收转付给劳动力的工资和为劳动力办理社会保险及住房公积金后的余额为营业额。

(13) 通信线路工程和输送管道工程所使用的电缆、光缆和构成管道工程主体的防腐管段、管件(弯头、三通、冷弯管、绝缘接头)、清管器、收发球筒、机泵、加热炉、金属容器等物品均属于设备，其价值不包括在工程的计税营业额中。

其他建筑安装工程的计税营业额也不应包括设备价值，具体设备名单可由省级地方税务机关根据各自实际情况列举。

(14) 邮政电信单位与其他单位合作，共同为用户提供邮政电信业务及其他服务并由邮政电信单位统一收取价款的，以全部收入减去支付给合作方价款后的余额为营业额。

(15) 中国移动通信集团公司通过手机短信公益特服号“8858”为中国儿童少年基金会接受捐款业务，以全部收入减去支付给中国儿童少年基金会的价款后的余额为营业额。

(16) 经地方税务机关批准使用运输企业发票，按“交通运输业”税目征收营业税的单位将承担的运输业务分给其他运输企业并由其统一收取价款的，以其取得的全部收入减去支付给其他运输企业的运费后的余额为营业额。

(17) 旅游企业组织旅游团在中国境内旅游的，以收取的全部旅游费减去替旅游者支付给其他单位的房费、餐费、交通、门票或支付给其他接团旅游企业的旅游费后的余额为营业额。

(18) 从事广告代理业务的，以其全部收入减去支付给其他广告公司或广告发布者(包括媒体、载体)的广告发布费后的余额为营业额。

(19) 从事物业管理的单位，以与物业管理有关的全部收入减去代业主支付的水、电、燃气以及代承租者支付的水、电、燃气、房屋租金的价款后的余额为营业额。

(20) 单位和个人销售或转让其购置的不动产或受让的土地使用权，以全部收入减去不动产或土地使用权的购置或受让原价后的余额为营业额。

单位和个人销售或转让抵债所得的不动产、土地使用权的，以全部收入减去抵债时该项不动产或土地使用权作价后的余额为营业额。

实例详解

【例 3-1】

安达公司主营业务为汽车货物运输，经主管税务机关批准使用运输企业发票，是按“交通运输业”税目征收营业税的单位。该公司 2010 年取得运输货物收入 1 200 万元，其中运输货物出境取得收入 100 万元，运输货物入境取得收入 100 万元，支付给其他运输企业的运费(由运达公司统一收取价款)200 万元；销售货物并负责运输所售货物共取得收入 300 万元；派本单位卡车司机赴 H 国为该国某公司提供劳务，运达公司取得收入 50 万元；附设非独立核算的搬家公司取得收入 20 万元。请计算运达公司 2010 年应纳营业税额。

【分析】

安达公司入境货运收入不属于营业税范围，支付给其他企业的运费应扣除；运输企业销货并负责运输应征收增值税；派员工赴国外为境外公司提供劳务取得的收入，不属于在境内提供劳务，不征营业税；搬家公司收入应按运输业征收营业税。

应纳营业税＝(1 200－100－200)×3%＋20×3%＝27.6(万元)

【例 3-2】

龙腾建筑公司具备主管部门批准的建筑企业资质，2010 年承包一项工程，签订的建筑工程施工承包合同注明的建筑业劳务价款为 8 000 万元(其中安装的设备价款为 3 000 万元)，另外，销售建筑材料 1 000 万元。龙腾公司将 1 500 万元的安装工程分包给鸿运建筑公司。工程竣工后，建设单位支付给龙腾公司材料差价款 600 万元，提前竣工奖 150 万元。龙腾公司又将其中的材料差价款 200 万元和提前竣工奖 50 万元支付给鸿运企业。计算龙腾企业应纳营业税额和代扣代缴营业税额。

【分析】

龙腾公司有建筑施工企业资质，在签订的建筑工程施工承包合同中单独注明建筑业劳务价款两个条件。因此，应就其建筑施工劳务和销货分别征收营业税和增值税；安装的设备价款按规定不计入营业额；材料差价款和提前竣工奖应包含在营业额内，但龙腾公司将工程分包给鸿运公司的价款及支付的材料差价款和提前竣工奖应准予扣除。转包收入应由总承包人代扣代缴营业税。

应纳营业税额＝(8 000－3 000－1 500＋600＋150－200－50)×3％
＝4 000×3％＝120(万元)

代扣代缴营业税额＝(1500＋200＋50)×3％＝52.5(万元)

【例 3-3】

M 商业银行 2010 年三季度吸收存款 800 万元，取得自有资金贷款利息收入 60 万元，办理结算业务取得手续费收入 20 万元，销售账单凭证、支票取得收入 10 万元，办理贴现取得收入 20 万元，转贴现业务取得收入 15 万元，转让某种债券的收入为 120 万元，其买入价为 100 万元，代收水、电、煤气费 300 万元，支付给委托方价款 290 万元，出纳长款收入 1 万元。计算该银行应纳营业税额。

【分析】

M 银行吸收的存款不是其收入额，按税法规定不征营业税；贷款利息、办理结算业务取得的手续费收入、销售账单凭证收入、支票收入、办理贴现收入应纳营业税；转贴现收入，属于金融机构往来收入，不征营业税；债券买卖收入，以卖出价减去买入价后的余额为营业额；出纳长款收入不征营业税。

应纳营业税额＝(60＋20＋10＋20＋120－100＋300－290)×5％＝7(万元)

【例 3-4】

某电信局 2010 年 4 月发生如下业务：

(1) 话费收入 200 万元；

(2) 为某客户提供跨省的出租电路服务共收费60万元，支付给相关电信部门价款25万元；

(3) 出售移动电话收入30万元，3月份销售的某一型号移动电话因存在质量问题本月发生退款5万元，已缴纳的营业税为0.15万元，该税款没有退还；

(4) 销售有价电话卡面值共60万元，财务上体现的销售折扣额为6万元；

(5) 电话机安装收入3万元。

计算该电信局当月应纳营业税额。

【分析】

该电信局话费收入、电话机安装收入应按“邮电通信业——电信业”税目，以收入全额为营业额计征营业税；跨省出租电路服务，应按“邮电通信业——电信”税目，以出租电路收入额扣除支付给相关电信部门的价款为计税营业额；电信局出售移动电话属于混合销售，因其“主业”为电信业，所以应按“邮电通信业——电信业”税目征收营业税，按规定凡提供营业税应税劳务发生的退款已征过营业税的，允许退还已征税款，也可以从纳税人以后的营业额中减除，本题中未退还已征税款，故应允许将应退税款从营业额中减除；销售有价电话卡，按规定应以电话卡面值减去销售折扣后的余额为营业额。

应纳营业税额＝(200＋60－25＋30－5－0.15＋60－6＋3)×3%＝9.5055(万元)

【例3-5】

某有线电视台2010年8月发生如下业务：有线电视节目收费50万元，有线电视初装费3万元，“点歌台”栏目收费1万元，广告播映收费6万元，向其他电视台出售某专题片播映权收入5万元。请计算该电视台当月应纳营业税额。

【分析】

有线电视节目收费、点歌费应按“文化体育业——文化业”中的“播映”征收营业税；有线电视初装费应按“建筑业”税目征收营业税；广告播映费收入应按“服务业——广告业”税目征收营业税；出售专题播映权收入应按“转让无形资产——转让著作权”征收营业税。

应纳营业税额＝(50＋1)×3%＋3×3%＋6×5%＋5×5%＝2.17(万元)

【例3-6】

某综合娱乐服务公司2010年5月发生如下业务：

(1) 歌舞厅门票收入5万元，点歌费收入0.3万元，烟酒饮料销售收入1万元；

(2) 保龄球馆收入4万元；

(3) 开办的网吧收入7万元；

(4) 餐厅收入30万元。

请计算该公司当月应纳营业税额。

【分析】

按相关税法规定，点歌费不得从营业额中扣除，歌舞厅发生的烟酒等销售收入属于混合销售，按照“主业”应按“娱乐业”征收营业税；保龄球馆收入自2004年7月1日起营业税税率下调为5%；餐厅收入应按“服务业”税目征税；其他均属于“娱乐业”，应按相应税目计征营业税。

应纳营业税额＝(5＋0.3＋1) ×20%＋4×5%＋7×20%＋30×5%＝4.36(万元)

【例3-7】

A企业2006年7月将部分房屋出租给某下岗职工开办一台球室和一小型餐馆(已领取税务登记证)。按照双方签订的租赁合同，厂方当月收取的租赁费为5 000元，台球室当月收入5 000元，餐馆当月收入为8 000元。为筹集开办资金，该下岗职工将一处购买并居住不满一年的普通住宅出售，该住宅购入价为60 000元，销售价为80 000元，将另一处自有住房以每月800元的市场价格出租，双方约定每季收取一次，第一个季度的租金当月已经预付。请计算当月该企业与下岗职工各自应纳营业税额。

【分析】

A企业出租房屋，不具备属于企业内部分配行为的三个条件，应按“服务业——租赁业”税目征收营业税。按照规定，下岗职工从事个体经营，自领取税务登记证之日起，3年内免征营业税，但经营“娱乐业”项目不在免征营业税的范围内，这样，属于“娱乐业”的台球室收入应按“娱乐业”税目以5%的税率征收营业税，而餐馆收入免征营业税。个人销售购买不足5年的普通住宅，按全额计征营业税，但是，个人按市场价出租居民住房，按3%税率征收营业税，因其预收三个月的租金，所以计税营业额应为2 400元。

企业应纳营业税额＝5 000×5%＝250(元)

下岗职工个人应纳营业税额＝5 000×5%＋80 000×5%＋800×3×3%

＝250＋4 000＋72＝4 322(元)

【例3-8】

万达旅行社本月组织团体旅游，境内组团旅游收入20万元，替旅游者支付给其他单位餐费、住宿费、交通费、门票共计 12 万元，后为应对其他旅行社的竞争，该旅行社同意给予旅游者 5%的折扣，并将价款与折扣额在同一张发票上注明；组团境外旅游收入 30 万元，付给境外接团企业费用 18 万元；另外为散客代购火车票、机票、船票取得手续费收入 1 万元，为游客提供打字、复印、洗相服务收入 2 万元。请计算该旅行社当月应纳营业税额。

【分析】

按规定，旅游企业组团境内旅游，以收取的全部旅游费减去替旅游者支付给其他单位的餐费、住宿费、交通费、门票或支付给其他接团旅游企业的旅游费后的余额为营业额；旅游企业组团境外旅游，在境外由其他旅游企业接团的，以全程旅游费减去付给接团企业的旅游费的余额为营业额；将价款与折扣额在同一发票上注明的，以折扣后的价款为营业额；其他业务按“服务业——代理业”和“服务业——其他代理业”征收营业税。

应纳营业税额＝(20×95%－12)×5%＋(30－18)×5%＋(1＋2)×5%＝1.1(万元)

【例 3-9】

经民政部门批准成立的某非营利性社会团体 2010 年 9 月发生如下业务：

(1) 按规定标准收取会费共 3 万元；

(2) 出租房屋取得收入 15 万元；

(3) 为某项目提供技术咨询与服务取得收入 8 万元；

(4) 举办科技讲座取得收入 1 万元；

(5) 主办的纪念馆取得门票销售收入 0.3 万元；

(6) 经营的打字社取得收入 2 万元，代售福利彩券取得手续费收入 0.7 万元。

请计算该单位应纳营业税额。

【分析】

按税法规定，按规定收取的会费、提供技术咨询与服务收入、纪念馆门票收入免征营业税；出租房屋收入应按“服务业——租赁业”征收营业税；打字收入按“服务业——其他服务”征收营业税；科技讲座按“文化业——其他文化业”征收营业税；代销福利彩券以手续费为营业额，按“服务业——代理业”征收营业税。

应纳营业税额＝15×5%＋1×3%＋2×5%＋0.7×5%＝0.915(万元)

【例 3-10】

鑫鑫广告公司 2010 年 4 月账面记载的广告业务收入为 80 万元，营业成本为 90 万元，支付给某电视台的广告发布费为 25 万元，支付给某报社的广告发布费为 17 万元。经主管税务机关审核，认为其广告收费明显偏低，且无正当理由，又无同类广告可比价格，于是决定重新审核其计税价格（核定的成本利润率为 15%）。该广告公司当月以价值 400 万元的不动产，100 万元的无形资产投资入股某企业。另外参与主办服装表演取得收入 10 万元。转让广告案例的编辑、制作权取得收入 10 万元。请计算该广告公司当月应纳营业税额。

【分析】

纳税人提供应税劳务、转让无形资产或销售不动产的价格明显偏低且无正当理由的，主管税务机关有权重新核定其营业额。本题中提出无同类广告价格可比，是为了让读者熟悉相应的计算公式。广告公司支付给媒体的广告发布费可以从营业额中扣除。对以不动产、无形资产投资入股的行为不在营业税的征税范围内的，不征营业税。主办服装表演应按"文化业"税目征收营业税，转让广告案例的编辑、制作权应按"转让无形资产——转让著作权"税目征收营业税。

广告业务的计税营业额＝90×(1＋15%)÷(1－5%)＝108.95(万元)

应纳营业税额＝(108.95－25－17)×5%＋10×3%＋10×5%＝4.15(万元)

【例 3-11】

实业房地产开发公司 2010 年发生如下业务。

(1) 开发部自建统一规格和标准的楼房 4 栋，建筑安装总成本为 6 000万元（核定的成本利润率为 15%）。该公司将其中一栋留作自用；一栋对外销售，取得销售收入 2 500 万元；另一栋投资入股某企业，现将其股权的 60%出让，取得收入 1 500 万元；最后一栋抵押给某银行以取得贷款，抵减应付银行利息 100 万元。该公司还转让一处正在进行土地开发，但尚未进入施工阶段的在建项目，取得收入 2 000 万元。

(2) 该公司物业部收取的物业费为 220 万元，其中代业主支付的水、电、燃气费共 110 万元。

(3) 该公司下设非独立核算的汽车队取得运营收入 300 万元，支付给其他单位的承运费 150 万元；销售货物并负责运输取得的收入为 100 万元。

请计算该公司应纳营业税额。

【分析】

(1) 按照税法规定，自建自用行为不征营业税，自建自售则要按“建筑业”和“销售不动产”各征一道营业税，其中，自建部分须组成计税价格计税；按照规定，自 2003 年 1 月 1 日起，以不动产投资入股不征营业税，投资后转让其股权的也不征营业税；将不动产抵押给银行使用，是以不动产租金抵充贷款利息，故应按“服务业”税目对借款人征税；转让正在进行土地开发，但尚未进入施工阶段的在建项目，按照“转让无形资产——转让土地使用权”征收营业税。

(2) 物业管理单位应以与物业管理有关的全部收入减去代业主支付的水、电、燃气价款后的余额为营业额。

(3) 联运业务以纳税人实际取得的收入为营业额，支付给以后承运者的运费可以从计税营业额中扣除；销售货物并负责运输，属于应征增值税的混合销售。

开发部应纳营业税额＝6 000×3÷4×(1＋15%)×3%÷(1－3%)＋2 500×5%＋100×5%＋2 000×5%＝160.05＋125＋5＋100＝390.05(万元)

物业部应纳营业税额＝(220－110)×5%＝5.5(万元)

汽车队应纳营业税额＝200×3%＋(300－150)×3%＝10.5(万元)

该公司共应纳营业税额＝390.05＋5.5＋10.5＝406.05(万元)

【例 3-12】

富华房地产开发企业开发公司坐落在市区，2010 年 12 月发生下列业务：

(1) 自建综合楼 1 栋，工程造价 3 000 万元，单位自用一半，其余全部对外销售，取得销售收入 9 000 万元(不考虑成本利润率)；

(2) 取得土地转让收入 200 万元；

(3) 出租部分办公楼取得租金收入 70 万元；

(4) 代有关部门收取水、电费 690 万元，取得手续费收入 30 万元；

(5) 取得期房预收款 1 000 万元。

要求：计算本月该公司应纳营业税额。

【分析】

(1) 销售综合楼应纳销售不动产营业税额＝9 000×5%＝450(万元)；

自建行为征收建筑业营业税额＝3 000÷(1－3%)×50%×3%＝46.3918(万元)

(2) 转让土地使用权应纳营业税额＝200×5%＝10(万元)；

(3) 出租收入应纳营业税额＝70×5%＝3.5(万元)；

(4) 代收水、电手续费收入应纳营业税额=30×5%=1.5(万元);

(5) 预收房款应纳营业税额=1 000×5%=50(万元)。

该单位12月应纳营业税额=450+46.3918+10+3.5+1.5+50=561.3918(万元)。

【例 3-13】

D公司2010年8月发生下列业务:

(1) 建规格相同的两栋楼,一栋自用,一栋对外销售,合计建筑安装成本3 000万元,成本利润率20%,取得销售收入2 400万元。

(2) 销售现房取得收入3 000万元,取得预收房款2 000万元。

(3) 以房屋投资入股某企业,共担投资风险,现将其股权的60%出让取得1 000万元。

(4) 该公司广告业务部当月取得广告收入500万元,付给有关单位广告自制费80万元,付给电视台广告发布费60万元。

(5) 该公司下设非独立核算的中心当月舞厅取得门票收入5万元、台位费收入1万元、点歌费0.5万元,销售烟酒收入0.8万元,台球收入5万元、保龄球馆收入10万元。

(6) 该公司下设非独立核算的汽车队当月取得营运收入200万元,联运收入300万元、支付给其他单位的承运费150万元,销售货物并负责运输取得收入100万元。

要求:计算本月该公司应纳营业税额。

【分析】

(1) 应纳销售不动产营业税额=2400×5%=120(万元);

应纳建筑业营业税额=3 000×50%×(1+20%)÷(1-3%)×3%=55.67(万元);

(2) 应纳销售不动产营业税额=(3 000+2 000)×5%=250(万元);

(3)《财政部、国家税务总局关于股权转让有关营业税问题的通知》(财税[2002]191号)相关规定:

① 以无形资产、不动产投资入股,参与接受投资方利润分配,共同承担投资风险的行为,不征收营业税。

② 对股权转让不征收营业税。

(4) 应纳广告业营业税额=(500-60)×5%=22(万元);

(5) 应纳娱乐业营业税额=(5+1+0.5+0.8)×20%+(5+10)×5%=2.21(万元);

(6) 对从事联运业务的,以全程运费减去付给承运者的运费、装卸费、换装费等费用后的余额为营业额。依3%的税率计算缴纳营业税。应纳营业税额=(200+300−150)×3%=10.5(万元)。

本月共缴纳营业税额=120+55.67+250+22+2.21+10.5=460.38(万元)。

3.3 营业税的会计处理

要 点

营业税涉及的行业和业务种类较多,根据营业税不同的征收对象应设置不同的会计账户。本节主要介绍营业税的账户设置、建筑业营业税的会计处理、房地产开发企业营业税的会计处理、金融企业营业税的会计处理、保险业营业税的会计处理、广告及娱乐业营业税的会计处理、旅游饮食服务业营业税的会计处理、销售不动产营业税的会计处理、转让无形资产营业税的会计处理、租赁业务收入应纳营业税的会计处理等知识。

解 释

◆ 营业税的账户设置

企业缴纳营业税应通过“应交税费——应交营业税”账户进行核算。由于缴纳营业税的行业较多,作为价内税的营业税的会计账户,应根据不同情况来设置和使用,主要涉及以下账户。

(1)“应交税费——应交营业税”账户。该账户核算企业应缴的营业税。企业按规定计算出应缴的营业税、应代扣代缴的营业税及收到退回的营业税记入其贷方,实际缴纳的营业税、补缴营业税、结转退回的营业税记入其借方。期末贷方余额为应缴未缴的营业税,借方余额为多缴的营业税。

(2)“营业税税金及附加”账户。该账户核算企业主营业务应缴的营业税、文化事业建设费等。企业根据应税收入计算的应冲减营业收入的应缴营业税、应缴文化事业建设费借记该账户,收到退回的营业税、文化事业建设费记入其贷方。期末,将该账户的余额转入“本年利润”账户,结转后无余额。

(3)“其他业务成本”账户。该账户核算企业主营业务之外的属于其他业务的各项支出,包括成本、费用、相关税金及附加等。企业出租无形资产取得的租金收入应缴的营业税,应借记该账户。

(4)“银行存款”账户。企业转让无形资产,按实际取得的转让收入借记该账户,按该项无形资产已计提的减值准备,借记“无形资产减值准备”;其应缴的营业税,贷记“应交税费——应交营业税”账户,支付的其他相关税费,贷记“银行存款”,借贷方差额,借记“营业外支出”或贷记“营业外收入”。

(5)“固定资产清理”账户。企业(不包括房地产开发企业)销售、报废清理固定资产时,根据应税收入计算的应缴营业税额记入其借方。期末,应将其余额转入“营业外收入”或“营业外支出”。

(6)“代购代销收入”账户。该账户核算企业受其他单位委托,按合同规定以收取手续费方式代购代销商品等的手续费收入。其应缴的营业税记入该账户的借方。

◆ 建筑业营业税的会计处理

从事建筑安装、装饰装修业务,无论与对方如何结算,其营业额均应包括工程所用原材料的价款。即使由对方(甲方)提供原材料,在工程结算收入中未包括材料成本,但计税时材料成本仍应包括在营业额中。如果实行转包或分包形式,由总承包人代扣代缴营业税。总承包人收到承包款项时借记“银行存款”,扣除应付给分包人或转包人的部分贷记“主营业务收入”,应付给分包人或转包人的部分贷记“应付账款”。根据扣除后的工程结算收入计算的应缴税金以及应付给分包人或转包人的部分计算代扣营业税税金,分别借记“营业税税金及附加”和“应付账款——应付分包款项”,贷记“应交税费——应交营业税”。

◆ 房地产开发企业营业税的会计处理

房地产开发企业是经营房地产买卖业务的企业,其从事房地产开发、销售及提供劳务而取得的经营收入为其主营业务收入,应计算缴纳营业税。房地产开发企业自建自售时,其自建行为按建筑业3%的税率计算营业税,出售房地产按5%的税率(“销售不动产”税目)计算营业税。

房地产开发企业以经营房地产为其主营业务,税款缴纳办法可以采用按上月实缴额预缴,下月初结清上月税款的办法。

◆ 金融企业营业税的会计处理

金融企业的贷款利息收入和贷款利息支出是分别核算的,即按应税应收利息的全额计税。由于税法对逾期应收未收利息的规定与会计制度不同,企业既要按会计制度规定正确记录,又要按税法规定正确计税。企业通过设置“应收利息”备查簿，详细记录各项贷款应收利息的发生时间及金额、收到时间及金额等。金融企业接受其他企业委托发放贷款，收到委托贷款利息时，记入“应付账款——应付委托贷款利息”账户，并根据收到的贷款利息减去委托贷款的手续费，计算代扣营业税，借记“应付账款——应付委托贷款利息”，贷记“应交税费——应交营业税”；实际代缴营业税，借记“应交税费——应交营业税”，贷记“银行存款”。

经批准经营证券业务的金融企业，自营证券业务的销售收入和销售成本均通过“证券销售”账户处理，收入记在贷方，成本记在借方，其余额为买卖差价。买入证券时，借记“自营库存证券”，贷记“银行存款”；卖出证券时，借记“银行存款”，贷记“自营库存证券”。期末，根据“证券销售”账户余额计算应缴营业税，借记“营业税税金及附加”，贷记“应交税费——应交营业税”。

◆ 保险业营业税的会计处理

保险企业缴纳的营业税，通过“应交税费——应交营业税”科目进行核算。保险企业按其营业额和规定的税率，计算应缴纳的营业税，借记“营业税税金及附加”等科目，贷记“应交税费——应交营业税”科目。上缴营业税时，借记“应交税费——应交营业税”科目，贷记“银行存款”等科目。

◆ 广告、娱乐业营业税的会计处理

广告、娱乐业除了按规定计算缴纳营业税外，还应按其同期应税营业收入的3%计算缴纳文化事业建设费，与营业税一并计缴。

◆ 旅游饮食服务业营业税的会计处理

企业缴纳的营业税，通过“应交税费——应交营业税”科目进行核算。企业按其营业额和规定的税率，计算应缴纳的营业税，借记“营业税税金及附加”等科目，贷记“应交税费——应交营业税”科目。上缴营业税时，借记“应交税费——应交营业税”科目，贷记“银行存款”等科目。

◆ 销售不动产营业税的会计处理

房地产开发企业之外的企业销售不动产是其非主营业务（如企业处置作为固定资产使用的房屋建筑物及其附着物），因此，不是商品出售，而是财产处置，应通过“固定资产清理”账户处理。

企业销售不动产，按销售额计算的营业税记入“固定资产清理”科目，借记“固定资产清理”科目，贷记“应交税费——应交营业税”科目。缴纳

营业税时，借记“应交税费——应交营业税”科目，贷记“银行存款”科目。

◆ 转让无形资产营业税的会计处理

企业转让无形资产，按实际取得的转让收入借记“银行存款”，按该项无形资产以计提的减值准备借记“无形资产减值准备”，贷记“应交税费——应交营业税”科目。缴纳营业税时，借记“应交税费——应交营业税”科目，贷记“银行存款”等科目。

◆ 租赁业务收入应纳营业税的会计处理

租赁业务收入可以是企业的主营业务收入（如符合融资租赁确认条件的融资租赁业务收入），也可以是企业的其他业务收入。不论哪种收入，都应按规定计算缴纳营业税。

实例详解

【例 3-14】

D 建筑工程公司 6 月份工程承包收入 3 000 000 元，其中支付给某工程队分包工程价款 100 000 元，对方（甲方）提供材料 200 000 元；另外，取得机械作业收入 150 000 元。

【分析】

（1）确认收入实现

借：银行存款	3 150 000	
贷：主营业务收入		2 900 000
应付账款——应付分包款		100 000
其他业务收入		150 000

（2）计提应纳、应扣缴的营业税

应纳营业税额＝(3 000 000－100 000＋200 000＋150 000)×3％＝97 500(元)

代扣代缴营业税额＝150 000×3％＝4 500(元)

借：营业税税金及附加	97 500	
贷：应交税费——应交营业税		97 500

（3）代扣营业税

代扣营业税额＝100 000×3％＝3 000(元)

借：应付账款——应付分包款	3 000	
贷：应交税费——应交营业税		3 000

（4）将扣除代扣营业税后的分包款划给工程队

借：应付账款——应付分包款 97 000

贷：银行存款 97 000

【例 3-15】

D 房地产开发企业本期有一栋住宅楼竣工，建造成本共计 4 200 000 元，该省规定成本利润率为 7%。本期出售商品房 3 000 平方米，商品房价款共计 5 240 000 元(其中 748 000 元的预收款已于上年预缴营业税)。

【分析】

应纳建筑业营业税＝4 200 000×(1＋7%)÷(1－3%)×3%＝138 990(元)

应纳售房营业税＝(5 240 000－748 000)×5%＝224 600(元)

借：营业税税金及附加 285 497

贷：应交税费——应交营业税 285 497

【例 3-16】

D 房地产公司 6 月份商品房销售收入为 2 200 000 元、配套设施销售收入为 300 000 元、代建工程结算收入为 200 000 元。上月应缴营业税税款为 60 000 元。

【分析】

(1) 每月预缴税款

借：应交税费——应交营业税 60 000

贷：银行存款 60 000

(2) 月末计算税款

商品房销售、配套设施销售，属“销售不动产”，按 5%的税率计算应纳营业税；代建工程结算收入，属“建筑业”，按 3%税率计算应纳营业税。

应纳营业税额＝(2 200 000＋300 000)×5%＋200 000×3%＝131 000(元)

借：营业税税金及附加 131 000

贷：应交税费——应交营业税 131 000

(3) 下月初结清上月营业税税款

应补缴税款＝131 000－60 000＝71 000(元)

借：应交税费——应交营业税 71 000

贷：银行存款 71 000

【例 3-17】

工商银行 M 支行接受 D 企业委托，将 D 企业闲置资金2 000 000元指定贷给甲企业作为流动资金，贷款期限为 1 年，年利率为 8%。贷款第一季度收到利息 40 000 元。

【分析】

(1) 工商银行 M 支行收到贷款利息时

借：银行存款　　40 000

　　贷：应付账款——应付委托贷款利息　　40 000

(2) 计算代扣营业税时

借：应付账款——应付委托贷款利息　　2 000

　　贷：应交税费——应交营业税　　2 000

(3) 代缴营业税时

借：应交税费——应交营业税　　2 000

　　贷：银行存款　　2 000

(4) D 企业收到 M 支行贷款利息通知时

借：应收账款——应收委托贷款利息　　40 000

　　贷：投资收益　　40 000

(5) 计算应付代扣营业税时

借：营业税税金及附加　　2 000

　　贷：应交税费——应交营业税　　2 000

(6) 收到 M 支行贷款利息和代缴营业税时

借：银行存款　　38 000

　　贷：应收账款——应收委托贷款利息　　38 000

借：应交税费——应交营业税　　2 000

　　贷：应收账款——应收委托贷款利息　　2 000

【例 3-18】

某信托投资公司受 D 企业委托，6 月 1 日委托贷款4 000 000元（为期 2 年），月利率 0.45%，按月支付利息。

【分析】

(1) 信托投资公司

① 月末，收到委托贷款利息 18 000 元（4 000 000×0.45%）时

借：银行存款　　18 000

　　贷：应付账款——应付委托贷款利息　　18 000

② 计算代扣营业税（可从应付委托贷款利息中直接扣除）

借：应付账款——应付委托贷款利息　　900

　　贷：应交税费——应交营业税　　900

③ 代缴营业税

借：应交税费——应交营业税　　900

　　贷：银行存款　　900

(2) A企业

① 收到投资公司贷款利息通知时

借：委托贷款——利息　　18 000

　　贷：其他应付款——应付贷款利息营业税　　900

　　　　投资收益　　17 100

② 实际收到投资公司划来利息(未考虑手续费或利差因素)时

借：银行存款　　17 100

　　其他应付款——应付贷款利息营业税　　900

　　贷：委托贷款——利息　　18 000

【例3-19】

D金融机构8月份“证券销售”账户贷方余额70 000元，“证券发行”账户贷方余额45 000元，“汇总收益”账户余额73 000元，“汇总损失”账户余额42 000元。

【分析】

应缴营业税＝(70 000＋45 000＋73 000－42 000)×5％＝7 300(元)

借：营业税税金及附加　　7 300

　　贷：应交税费——应交营业税　　7 300

【例3-20】

某保险公司2010年1月保险业务收入为2 000 000元。

【分析】

应纳营业税＝2 000 000×5％＝100 000(元)

(1) 收入实现时

借：银行存款　　2 000 000

　　贷：主营业务收入　　2 000 000

(2) 计提应纳营业税时

借：营业税税金及附加　　100 000

　　贷：应交税费——应交营业税　　100 000

(3) 缴纳营业税税款时

借：应交税费——应交营业税　　100 000

　　贷：银行存款　　100 000

【例3-21】

某歌舞厅3月份门票收入300 000元，点歌、自唱收入56 000元，台位

(含饮料)收入34 000元,适用营业税税率25%。

【分析】

应纳营业税额=(300 000+56 000+34 000)×25%=97 500(元)

应纳文化事业建设费=(300 000+56 000+34 000)×3%=11 700(元)

借:营业税税金及附加　109 200

　贷:应交税费——应交营业税　97 500

　　　　　——应交文化事业建设费　11 700

【例3-22】

某旅游公司组团到云南旅游,收取成员全程旅游费45 000元,代游客支付住宿费、餐费、交通费、旅游景点门票等27 000元费用。

【分析】

应缴营业税额=(45 000-27 000)×5%=900(元)

借:营业税税金及附加　900

　贷:应交税费——应交营业税　900

【例3-23】

D公司3月对外销售建筑物一栋,该建筑物原值500万元,已使用10年,已提折旧100万元。出售该建筑物取得收入450万元,发生清理费用2万元。

【分析】

(1) 将需要销售的固定资产转入清理时

借:固定资产清理　5 000 000

　累计折旧　1 000 000

　贷:固定资产　5 000 000

(2) 确认销售收入时

借:银行存款　4 500 000

　贷:固定资产清理　4 500 000

(3) 发生清理费用时

借:固定资产清理　20 000

　贷:银行存款　20 000

(4) 计提营业税税金时

借:固定资产清理(4 500 000×5%)　225 000

　贷:应交税费——应交营业税　225 000

(5) 实际缴纳营业税时

借:应交税费——应交营业税　225 000

　贷:银行存款　225 000

(6) 结转清理净收益时

借：固定资产清理 255 000

　　贷：营业外收入——处理固定资产净收益 255 000

【例 3-24】

D工业企业本期将一新型产品的技术以1 000 000元转让给A企业。该专利的入账价值为1 000 000元，累计摊销300 000元，计提减值准备80 000元。

【分析】

借：银行存款 1 000 000

　　无形资产减值准备 80 000

　　累计摊销 300 000

　　贷：无形资产 1 000 000

　　应交税费——应交营业税 50 000

　　　　　　——应交城建税 3 500

　　　　　　——应交教育费附加 1 500

　　营业外收入 325 000

【例 3-25】

A工业企业本月将一台设备租赁给B工业企业，租期1年，年租金120 000元；从租赁当月起，每3个月收取租金一次，当月按5%营业税税率计算应纳营业税500元。

【分析】

(1) 取得第一笔租金

借：银行存款 30 000

　　贷：其他业务收入——经营租赁收入 10 000

　　其他应收款——××企业 20 000

(2) 计提当月营业税

借：其他业务成本——经营租赁支出 500

　　贷：应交税费——应交营业税 500

(3) 缴纳当月营业税

借：应交税费——应交营业税 500

　　贷：银行存款 500

【例 3-26】

腾飞和远达公司都是经国家有关部门批准从事融资租赁业务的公司，2007年12月10日远达公司将购进的一台大型设备出租给腾飞公司。该设备购进价税合计100万元，另支付安装调试费、运输费及贷款利息等共计5万元。租赁合同规定：租赁开始日为下年1月1日，自当日起，每年年末支付租金24万元，租赁期5年，租赁期满，腾飞公司享有优惠购买设备的选择权，购买价格为220元，估计期满日租赁资产的公允价值为2.5万元。腾飞和远达公司采用直线法确认各期的未实现融资收益。

【分析】

(1) 判断租赁类型：购买价220元为其公允价值25 000元的0.88%，符合准则、制度对融资租赁的确认标准。

(2) 计算租赁开始日最低租赁收款额及其现值、未实现融资收益：

最低租赁收款额＝240 000×5＋220＝1 200 220(元)

根据租赁内含利率的定义，租赁内含利率是指在租赁开始日，使最低租赁收款额的现值与未担保资产余值的现值之和等于租赁资产原账面价值的折现率。因此，最低租赁收款额的现值＝租赁开始日租赁资产的原账面价值，即105万元(买价100万元＋安装调试费、运输费及贷款利息等5万元)。

未实现融资收益＝1 200 220－1 050 000＝150 220(元)

(3) 确认应交营业税：

应交营业税＝150 220×5%＝7 511(元)

每年应交营业税＝7 511÷5＝1 502.2(元)

每月应交营业税＝1 502.2÷12＝125.18(元)

(4) 做相关会计分录：

① 2008年1月1日：

借：应收融资租赁款　　1 200 220

　　贷：应收租赁资产　　1 050 000

　　递延资产——未实现融资收益　　150 220

② 每月确认融资收益2 503.67元(150 220÷5÷12)并预提应交营业税：

借：递延资产——未实现融资收益　　2 503.67

　　贷：主营业务收入——融资收入　　2 503.67

借：营业税税金及附加　　125.18

　　贷：预提费用——预提营业税　　125.18

③ 2008年年底收到第一期租金：

借：银行存款　　240 000

贷：应收融资租赁款　　　　240 000

借：预提费用——预提营业税　　　　1 502.2

贷：应交税费——应交营业税　　　　1 502.2

④ 缴纳营业税：

借：应交税费——应交营业税　　　　1 502.2

贷：银行存款　　　　1 502.2

以后4年的有关计算和会计分录与②、③、④相同。

(5) 2013年1月1日收到腾飞公司支付的购买款：

借：银行存款　　　　220

贷：应收融资租赁款　　　　220

实战训练

1. 某公司自建同一规格和标准的楼房3栋，建筑安装成本为5 000万元，成本利润率10%，房屋建成后，该公司将其中1栋留作自用，1栋对外出租，取得租金收入300万元，另1栋对外销售，取得销售收入4 500万元，则该公司应缴纳营业税总额为多少？

2. 某外运公司2010年2月运输一批货物到国外某地，收取全程运费60万元，货物到达该国境内后，改由该国铁路运输一段至目的地，支付该承运企业运费20万元，计算该远洋运输公司应缴纳的营业税额（营业税税率3%）。

3. 某市商业银行2010年第2季度有关业务资料如下，分别计算该银行应缴纳营业税额。

(1) 向生产企业贷款取得利息收入580万元，逾期贷款的罚息收入8万元。

(2) 为电信部门代收电话费取得手续费收入12万元。

(3) 3月20日购进有价证券800万元，6月30日以840万元价格卖出。

(4) 受某公司委托发放贷款，金额5 000万元，贷款期限2个月，年利息率4.8%，银行按贷款利息收入的10%收取手续费。

4. 某银行2010年第3季度有关业务资料如下，分别计算该银行应缴纳营业税额。

(1) 取得结算手续费收入40万元。

(2) 销售结算凭证收入3万元。

(3) 开办融资租赁业务（经人民银行批准），租期5年，租赁费收入80

万元，购买租赁资产价款40万元，支付增值税8.5万元，支付运输及保险费1.5万元。

5. 某邮电局2010年第2季度营业收入统计如下：邮电业务收入（包括：函件、包件、邮汇、储蓄、电报等）5 000万元；电话费收入400万元，安装费收入100万元，电话选码费收入10万元；销售手机收入300万元，电话费收入1 600万元，计算邮电业务收入、邮电费收入及移动通信收入应缴纳营业税额。

6. 某电影院9月份取得门票收入45万元，广告收入10万元；代售某话剧表演门票收入12万元，取得手续费1万元，场地租赁费0.5万元，计算该电影院文化体育业营业税、服务业营业税、代扣代缴某话剧团应缴纳营业税额。

7. 某酒吧6月份取得门票收入9万元，饮食业务收入4万元，则该夜总会6月份应缴纳营业税额为多少？

8. 某房地产开发公司购进一项专利技术，成本为300万元，有效使用年限为5年。半年后，经研究决定将其出售，取得收入200万元。计算转让该项无形资产应纳的营业税额。

9. 位于县城的某建筑安装公司2010年6月发生以下业务：

(1) 与机械厂签订建筑工程合同一份，为其承建厂房一栋，签订合同时预收工程价款700万元，月初开始施工至月底已完成全部工程的1/10；

(2) 与开发区签订安装工程合同一份，为其铺设通信线路，工程价款共计400万元，其中包含由开发区提供的光缆、电缆价值100万元，月末线路铺设完工，收回全部价款；

(3) 与地质勘探队签订合同一份，按照合同约定为其钻井作业提供泥浆工程劳务，取得劳务收入50万元；

(4) 以清包工形式为客户提供装修劳务，共收取人工费38万元、管理费6万元、辅助材料费13万元，客户自行采购的装修材料价款为80万元；

(5) 将自建的一栋住宅楼销售给职工，取得销售收入1 200万元，煤气管道初装费6万元，代收住房专项维修基金50万元，该住宅楼的建筑成本800万元，当地省级税务机关确定的建筑业的成本利润率为15%。

要求：根据上述资料，回答下列问题，每问需计算出合计数：

(1) 公司6月份承建厂房工程应缴纳的营业税额。

(2) 公司6月份铺设通信线路工程应缴纳的营业税额。

(3) 公司6月份提供泥浆工程作业应缴纳的营业税额。

(4) 公司6月份为客户提供装修劳务应缴纳的营业税额。

(5) 公司6月份将自建住宅楼销售给职工应缴纳的营业税额。

10. 经国家社团主管部门批准成立的某非营利性协会2010年4月份取得以下收入：

(1) 依照社团章程的规定，收取团体会员会费20 000元，个人会员会费8 000元；

(2) 代售大型演唱会门票33 000元，其中包括代售手续费2 000元；

(3) 代销中国福利彩票70 000元，其中包括代售手续费2 000元；

(4) 协会开设的照相馆营业收入16 000元，其中包括相册、镜框等销售收入2 000元；

(5) 委派两人到国外提供咨询服务，收取咨询费折合人民币40 000元；

(6) 举办一期培训班，收取培训费35 000元，资料费5 000元。

要求：试计算上述业务应缴纳的营业税和应代扣代缴的营业税额。

11. D建筑工程的工程承包总收入为3 000 000元，其中支付给某工程队分包工程价款100 000元，对方(甲方)提供材料100 000元；另外，取得机械作业收入200 000元。计算应缴纳的营业税额。

12. D旅游公司利用春节长假开展促销活动，取得旅游总收入400 000元，替旅游者支付机票费50 000元，支付住宿费20 000元，餐费25 000元，门票费25 000元。计算该旅游公司本月应缴纳营业税额。

13. 某夜总会2010年4月份取得门票收入60万元，台位费收入50万元，烟酒饮料收入20万元，茶水小吃收入25万元，适用税率为20%，计算该夜总会本月应缴纳的营业税额。

14. D建筑安装公司2009年新建一座办公室自用，建筑安装成本为2 500万元。2010年6月将办公楼对外销售，销售价款3 000万元。已知本省税务机关规定建筑安全工程的成本利润率为10%，计算应缴纳营业税额。

第4章

营业税的纳税申报

4.1　营业税的纳税期限与纳税地点

要　点

为了及时、均衡地取得财政收入，国家规定了营业税纳税期限和纳税地点。确定了纳税人产生纳税义务的时间点才能确认相应的应纳税额属于的纳税期间，所以确认纳税义务发生时间非常重要。本节主要介绍了营业税纳税义务的发生时间、营业税的纳税期限及营业税的纳税地点。

解　释

◆ 营业税纳税义务的发生时间

根据新《营业税暂行条例》第十二条的规定，营业税纳税义务发生时间为纳税人提供应税劳务、转让无形资产或者销售不动产并收讫营业收入款项或者取得索取营业收入款项凭据的当天。国务院财政、税务主管部门另有规定的，从其规定。

营业税扣缴义务发生时间为纳税人营业税纳税义务发生的当天。

新《营业税暂行条例实施细则》第二十四条和第二十五条规定如下。

（1）收讫营业收入款项，是指纳税人应税行为发生过程中或者完成后收取的款项。

（2）取得索取营业收入款项凭据的当天，为书面合同确定的付款日期的当天。未签订书面合同或者书面合同未确定付款日期的，为应税行为完成的当天。

（3）纳税人转让土地使用权或者销售不动产，采取预收款方式的，其纳税义务发生时间为收到预收款的当天。

纳税人提供建筑业或者租赁业劳务，采取预收款方式的，其纳税义务发生时间为收到预收款的当天。

纳税人将不动产或者土地使用权无偿赠送其他单位或者个人的，其纳税义务发生时间为不动产所有权、土地使用权转移的当天。

纳税人发生自建行为的，其纳税义务发生时间为销售自建建筑物的纳税义务发生时间。

◆ 营业税的纳税期限

新《营业税暂行条例》第十五条、新《营业税暂行条例实施细则》第二十六条和第二十七条规定，营业税的纳税期限分别为5日、10日、15日、1个月或者1个季度。纳税人的具体纳税期限，由主管税务机关根据纳税人应纳税额的大小分别核定；不能按照固定期限纳税的，可以按次纳税。

纳税人以1个月或者1个季度为一个纳税期的，自期满之日起15日内申报纳税；以5日、10日或者15日为一个纳税期的，自期满之日起5日内预缴税款，于次月1日起15日内申报纳税并结清上月应纳税款。

纳税人应当向应税劳务发生地、土地或者不动产所在地的主管税务机关申报纳税而自应当申报纳税之月起超过6个月没有申报纳税的，由其机构所在地或者居住地的主管税务机关补征税款。

银行、财务公司、信托投资公司、信用社、外国企业常驻代表机构的纳税期限为1个季度。

扣缴义务人解缴税款的期限，依照上述规定执行。

◆ 营业税的纳税地点

根据新《营业税暂行条例》第十四条的规定，营业税纳税地点有如下几种。

(1) 纳税人提供应税劳务应当向其机构所在地或者居住地的主管税务机关申报纳税。但是，纳税人提供的建筑业劳务以及国务院财政、税务主管部门规定的其他应税劳务，应当向应税劳务发生地的主管税务机关申报纳税。

(2) 纳税人转让无形资产，应当向其机构所在地或者居住地的主管税务机关申报纳税。但是，纳税人转让、出租土地使用权，应当向土地所在地的主管税务机关申报纳税。

(3) 纳税人销售、出租不动产应当向不动产所在地的主管税务机关申报纳税。

扣缴义务人应当向其机构所在地或者居住地的主管税务机关申报缴纳其扣缴的税款。

根据新《营业税暂行条例实施细则》第二十六条的规定，纳税人应当向应税劳务发生地、土地或者不动产所在地的主管税务机关申报纳税而自应当申报纳税之月起超过6个月没有申报纳税的，由其机构所在地或者居住地的主管税务机关补征税款。

4.2 营业税的纳税申报

要 点

营业税纳税申报是指营业税纳税人依照税收法律法规规定或主管税务机关依法确定的申报期限，向主管税务机关办理营业税纳税申报的业务。本节主要介绍营业税的纳税申报时限、纳税申报要求、纳税申报资料。

解 释

◆ 纳税申报时限

新《营业税暂行条例》第十五条规定，纳税人以 1 个月或者 1 个季度为一个纳税期的，自期满之日起 15 日内申报纳税；以 5 日、10 日或者 15 日为一个纳税期的，自期满之日起 5 日内预缴税款，于次月 1 日起 15 日内申报纳税并结清上月应纳税款。

纳税人应按月（季）进行纳税申报，申报期为次月 1 日起至 15 日止，遇最后一日为法定节假日的，顺延 1 日；在每月 1 日至 15 日内有连续 3 日以上法定休假日的，按休假日天数顺延。

扣缴义务人解缴税款的期限，依照上述规定执行。

◆ 纳税申报要求

根据《国家税务总局关于印发〈营业税纳税人纳税申报办法〉的通知》（国税发[2005]202 号）的规定，自 2006 年 3 月 1 日起，交通运输业、娱乐业、服务业、建筑业营业税纳税人，除经税务机关核准实行简易申报方式外，均按该申报办法进行纳税申报。邮电通信业、文化体育业、转让无形资产和销售不动产的营业税纳税人目前仍按照各地的申报办法进行纳税申报；金融保险业营业税纳税人目前则按照《国家税务总局关于印发〈金融保险业营业税申报管理办法〉的通知》（国税发[2002]9 号）进行纳税申报。

◆ 纳税申报资料

凡按《营业税纳税人纳税申报办法》（国税发[2005]202 号）进行纳税申报的营业税纳税人均应报送以下资料。

(1)《营业税纳税申报表》。

(2) 按照本纳税人发生营业税应税行为所属的税目，分别填报相应税目的营业税纳税申报表附表；同时发生两种或两种以上税目应税行为的，应同时填报相应的纳税申报表附表。

（3）凡使用税控收款机的纳税人应同时报送税控收款机 IC 卡。

（4）主管税务机关规定的其他申报资料。

相关知识

◆ 营业税的纳税申报表

1.《营业税纳税申报表》（适用于查账征收的营业税纳税人）的填写

（1）《营业税纳税审报表》见表 4-1

（2）《营业税纳税审报表》填写要求

① 本表适用于除经主管税务机关核准实行简易申报方式以外的所有营业税纳税人（以下简称纳税人）。

② 本表“纳税人识别号”栏，填写税务机关为纳税人确定的识别号，即税务登记证号码。

③ 本表“纳税人名称”栏，填写纳税人单位名称全称，并加盖公章，不得填写简称。

④ 本表“税款所属时间”填写纳税人申报的营业税应纳税额的所属时间，应填写具体的起止年、月、日。

⑤ 本表“填表日期”填写纳税人填写本表的具体日期。

⑥ 本表“娱乐业”行应区分不同的娱乐业税率填报申报事项。

⑦ 本表“代扣代缴项目”行应填报纳税人本期按照现行规定发生代扣代缴行为所应申报的事项，分不同税率填报。

⑧ 本表所有栏次数据均不包括本期纳税人经税务机关、财政、审计部门检查以及纳税人自查发生的相关数据。

⑨ 本表第 2 栏“应税收入”填写纳税人本期因提供营业税应税劳务、转让无形资产或者销售不动产所取得的全部价款和价外费用（包括免税收入），分营业税税目填报，该栏数据为各相应税目营业税纳税申报表中“应税收入”栏的“合计”数。纳税人提供营业税应税劳务、转让无形资产或者销售不动产发生退款或因财务会计核算办法改变冲减营业额时，不在本栏次调减，在第 11 栏“前期多缴税额”栏次内直接调减税额。

⑩ 本表第 3 栏“应税减除项目金额”应填写纳税人本期提供营业税应税劳务、转让无形资产或者销售不动产所取得的应税收入中按规定可扣除的项目金额，分营业税税目填报，该栏数据为相应税目营业税纳税申报表中“应税减除项目金额”栏（或“应税减除项目金额”栏中“小计”项）的“合计”数。

表 4-1　营业税纳税申报表(适用于查账征收的营业税纳税人)

纳税人识别号：
纳税人名称(公章)
税款所属时间：自　年　月　日至　年　月　日　　填表日期：年　月　日　　金额单位：元(列至角分)

税目	营业额				税率(%)	本期税款计算			税款缴纳								
											本期已缴税额				本期应缴税额计算		
	应税收入	应税减除项目金额	应税营业额	免税收入		小计	本期应纳税额	免(减)税额	期初欠缴税额	前期多缴税额	小计	已缴本期应纳税额	本期已被扣缴税额	本期已缴欠缴税额	小计	本期期末应缴税额	本期期末应缴欠缴税额
1	2	3	4=2−3	5	6	7=8+9	8=(4−5)×6	9=5×6	10	11	12=13+14+15	13	14	15	16=17+18	17=8−13−14	18=10−11−15
交通运输业																	
建筑业																	
邮电通信业																	
服务业																	
娱乐业																	
金融保险业																	
文化体育业																	
销售不动产																	
转让无形资产																	
合计																	
代扣代缴项目																	
总计																	

纳税人或代理人声明：	如纳税人填报，由纳税人填写以下各栏：							
此纳税申报表是根据国家税收法律的规定填报的，我确定它是真实的、可靠的、完整的。	办税人员(签章)		财务负责人(签章)		定代表人(签章)		联系电话	
	如委托代理人填报，由代理人填写以下各栏：							
	代理人名称		经办人(签章)		联系电话		代理人(公章)	

以下由税务机关填写：
受理人：　　受理日期：年　月　日　　受理税务机关(签章)：
本表为 A4 横式，一式三份，一份纳税人留存，一份主管税务机关留存，一份征收部门留存。

⑪ 本表第 5 栏“免税收入”应填写纳税人本期提供营业税应税劳务、转让无形资产或者销售不动产所取得的应税收入中不需税务机关审批可直接免缴税款的应税收入或已经税务机关批准的免税项目应税收入，分营业税税目填报，该栏数据为相应税目营业税纳税申报表中“免税收入”栏的“合计”数。

⑫ 本表第 10 栏“期初欠缴税额”填写截至本期(不含本期)，纳税人经过纳税申报或报告、批准延期缴纳、税务机关核定等确定应纳税额后，超过法律、行政法规规定或者税务机关依照法律、行政法规规定确定的税款缴纳期限未缴纳的税款，分营业税税目填报，该栏数据为相应税目营业税纳税申报表中“期初欠缴税额”栏的“合计”数。

⑬ 本表第 11 栏“前期多缴税额”填写纳税人截至本期(不含本期)多缴纳的营业税税额，分营业税税目填报，该栏数据为相应税目营业税纳税申报表中“前期多缴税额”栏的“合计”数。

⑭ 本表第 13 栏“已缴本期应纳税额”填写纳税人已缴的本期应纳营业税税额。该栏数据为相应税目营业税纳税申报表中“已缴本期应纳税额”栏的“合计”数。

⑮ 本表第 14 栏“本期已被扣缴税额”填写纳税人本期发生纳税义务，按现行税法规定被扣缴义务人扣缴的营业税税额。该栏数据为相应税目营业税纳税申报表中“本期已被扣缴税额”栏的“合计”数。

⑯ 本表第 15 栏“本期已缴欠缴税额”填写纳税人本期缴纳的前期欠税，包括本期缴纳的前期经过纳税申报或报告、批准延期缴纳、税务机关核定等确定应纳税额后，超过法律、行政法规规定或者税务机关依照法律、行政法规规定确定的税款缴纳期限未缴纳的税款。该栏数据为相应税目营业税纳税申报表中“本期已缴欠缴税额”栏的“合计”数。

2.《交通运输业营业税纳税申报表》(适用于交通运输业营业税纳税人)的填写

(1)《交通运输业营业税纳税申报表》见表 4-2

(2)《交通运输业营业税纳税申报表》填写要求

① 本表适用于除经主管税务机关核准实行简易申报方式以外的所有的交通运输业营业税纳税人(以下简称纳税人)。

② 本表“纳税人识别号”栏，填写税务机关为纳税人确定的识别号，即税务登记证号码。

③ 本表“纳税人名称”栏，填写纳税人单位名称全称，并加盖公章，不得填写简称。

表 4-2　交通运输业营业税纳税申报表(适用于交通运输业营业税纳税人)

纳税人识别号:

纳税人名称(公章)

税款所属时间:自　年　月　日至　年　月　日　　　　填表日期:年　月　日　　　　金额单位:元(列至角分)

应税税目	营业额						税率(%)	本期税款计算			税款缴纳							
		应税减除项目金额											本期已缴税额			本期应缴税额计算		
	应税收入	小计	支付合作运输方运费金额	其他减除项目金额	应税营业额	免税收入		小计	本期应纳税额	免(减)税额	期初欠缴税额	前期多缴税额	小计	已缴本期应纳税额	本期已缴欠缴税额	小计	本期期末应缴税额	本期期末应缴欠缴税额
1	2	3=4+5	4	5	6=2−3	7	8	9=10+11	10=(6−7)×8	11=7×8	12	13	14=15+16	15	16	17=18+19	18=10−15	19=12−13−16
铁路运输																		
其中:货运																		
客运																		
公路运输																		
其中:货运																		
客运																		
水路运输																		
其中:货运																		
客运																		
航空运输																		
其中:货运																		
客运																		
管道运输																		
装卸搬运																		
合计																		

以下由税务机关填写:

受理人:　　　　受理日期:年　月　日　　　　受理税务机关(签章):

本表为 A4 横式,一式三份,一份纳税人留存,一份主管税务机关留存,一份征收部门留存。

④ 本表“税款所属时间”填写纳税人申报的营业税应纳税额的所属时间，应填写具体的起止年、月、日。

⑤ 本表“填表日期”填写纳税人填写本表的具体日期。

⑥ 本表所有栏次数据均不包括本期纳税人经税务机关、财政、审计部门检查以及纳税人自查发生的相关数据。

⑦ 本表第 2 栏“应税收入”填写纳税人本期因提供交通运输业营业税应税劳务所取得的全部价款和价外费用(包括免税收入)。纳税人发生退款或因财务会计核算办法改变冲减营业额时，不在本栏次调减，在第 13 栏“前期多缴税额”栏次内直接调减税额。

⑧ 本表第 4 栏“支付合作运输方运费金额”应填写纳税人本期支付给合作运输方(包括境内、境外合作运输方)并依法取得交通运输业发票或其他有效扣除凭证的运费金额。

3.《建筑业营业税纳税申报表》(适用于建筑业营业税纳税人)

(1)《建筑业营业税纳税申报表》(适用于建筑业营业税纳税人)见表 4-3

(2)《建筑业营业税纳税申报表》填写说明

① 本表适用于所有除经主管税务机关核准实行简易申报方式以外的建筑业营业税纳税人(以下简称纳税人)。

② 本表“纳税人识别号”栏，填写税务机关为纳税人确定的识别号，即税务登记证号码。

③ 本表“纳税人名称”栏，填写纳税人单位名称全称，并加盖公章，不得填写简称。

④ 本表“税款所属时间”填写纳税人申报的营业税应纳税额的所属时间，应填写具体的起止年、月、日。

⑤ 本表“填表日期”填写纳税人填写本表的具体日期。

⑥ 本表所有栏次数据均不包括本期纳税人经税务机关、财政、审计部门检查以及纳税人自查发生的相关数据。

⑦ 本表第 1 栏“本地提供建筑业应税劳务申报事项”填写独立核算纳税人在其机构所在地主管税务机关税收管辖权限范围内因提供建筑业应税劳务所发生的相关应申报事项，包括纳税人本身及其所属非独立核算单位所发生的全部应申报事项。

⑧ 本表第 1 栏“异地提供建筑业应税劳务申报事项”填写独立核算纳税人在其机构所在地主管税务机关税收管辖权限范围以外因提供建筑业应税劳务所发生的相关应申报事项，包括纳税人本身及其所属非独立核算单位所发生的全部应申报事项。

表 4-3 建筑业营业税纳税申报表(适用于建筑业营业税纳税人)

纳税人识别号：
纳税人名称(公章)
税款所属时间：自　年　月　日至　年　月　日　　　　填表日期：年　月　日　　　　金额单位：元(列至角分)

申报项目	应税税目	营业额							税率(%)	本期税款计算			税款缴纳								
		应税收入	应税减除项目金额				应税营业额	免税收入		小计	本期应纳税额	免(减)税额	期初欠缴税额	前期多缴税额	本期已缴税额				本期应缴税额计算		
			小计	支付给分(转)包人工程价款	减除设备价款	其他减除项目金额									小计	已缴本期应纳税额	本期已被扣缴税额	本期已缴欠缴税额	小计	本期期末应缴税额	本期期末应缴欠缴税额
1	2	3	4=5+6+7	5	6	7	8=3−4	9	10	11=12+13	12=(8−9)×10	13=9×10	14	15	16=17+18+19	17	18	19	20=21+22	21=12−17−18	22=14−15−19
本地提供建筑业应税劳务申报事项	建筑																				
	安装																				
	修缮																				
	装饰																				
	其他工程作业																				
	自建行为																				
	合计																				
	代扣代缴项目																				
	总计																				
异地提供建筑业应税劳务申报事项	建筑																				
	安装																				
	修缮																				
	装饰																				
	其他工程作业																				
	自建行为																				
	合计																				
	代扣代缴项目																				
	总计																				

以下由税务机关填写：
受理人：　　　　受理日期：年　月　日　　　　受理税务机关(签章)：
本表为 A4 横式，一式三份，一份纳税人留存，一份主管税务机关留存，一份征收部门留存。

⑨ 本表第2栏中“自建行为”行是在纳税人自建建筑物后销售或对外赠予时应就自建建筑物提供建筑业劳务的相应申报事项。

⑩ 本表第2栏中“代扣代缴项目”行应填报纳税人本身及其所属非独立核算单位按照现行规定发生代扣代缴行为所应申报的事项。

⑪ 本表第3栏“应税收入”填写纳税人本身及其所属非独立核算单位本期因提供建筑业应税劳务所取得的全部价款和价外费用(包括总包收入、分包收入、转包收入和免税收入),分本地、异地按照不同应税项目填报;其中,“代扣代缴项目”行应填报支付给分(转)包人的全部价款和价外费用(包括免税收入),按照本地、异地分别填报。纳税人发生退款或因财务会计核算办法改变冲减营业额时,不在本栏次调减,在第15栏“前期多缴税额”栏次内直接调减税额。全部价款和价外费用(含免税收入)填写该项工程所包含的料、工、费、利润和税金等全部工程造价,其中“料”包括全部材料价款、动力价款和其他物资价款。

⑫ 本表第5栏“支付给分(转)包人工程价款”填写纳税人本身及其所属非独立核算单位本期支付给分(转)包人的全部价款和价外费用,按照本地、异地分别填报。

⑬ 本表第6栏“减除设备价款”填写纳税人本身及其所属非独立核算单位本期提供建筑业劳务所取得的应税收入中按照现行规定可以减除的设备价款,不包含因发生扣缴义务支付给分(转)包人的工程价款中所包含的设备价款,分本地、异地按照不同应税项目填报;其中,“代扣代缴项目”行应填报支付给分(转)包人的工程价款中按照现行规定可以减除的设备价款,按照本地、异地分别填报。纳税人应按照建筑业劳务发生地的税务机关所确定的设备减除范围填报本栏。

⑭ 本表第7栏“其他减除项目金额”填写纳税人本身及其所属非独立核算单位本期提供建筑业应税劳务所取得的应税收入中按照现行规定其他可减除的款项金额,不包含因发生扣缴义务支付给分(转)包人的工程价款中所包含的其他可减除的款项金额,分本地、异地按照不同应税项目填报;其中,“代扣代缴项目”行应填报支付给分(转)包人的工程价款中按照现行规定其他可减除的款项金额,按照本地、异地分别填报。

⑮ 本表第9栏“免税收入”填写纳税人本身及其所属非独立核算单位本期提供建筑业应税劳务取得应税收入中所含的不需税务机关审批可直接免缴税款的应税收入或已经税务机关批准的免税项目应税收入,分本地、异地按照不同应税项目填报;其中,“代扣代缴项目”行应填报支付给分(转)包人的工程价款中所含的不需税务机关审批可直接免缴税款的

应税收入或已经税务机关批准的免税项目应税收入，按照本地、异地分别填报。

⑯ 本表第14栏“期初欠缴税额”填写截至本期（不含本期），纳税人本身及其所属非独立核算单位经过纳税申报或报告、批准延期缴纳、税务机关核定等确定应纳税额后，超过法律、行政法规规定或者税务机关依照法律、行政法规规定确定的税款缴纳期限未缴纳的税款，按本地、异地分别填入“合计”行本栏次；其中，“代扣代缴项目”行应填报截至本期（不含本期）经过纳税申报或报告、批准延期缴纳、税务机关核定等确定应纳税额后，超过法律、行政法规规定或者税务机关依照法律、行政法规规定确定的税款解缴期限未解缴的税款，按本地、异地分别填报。

⑰ 本表第15栏“前期多缴税额”填写纳税人本身及其所属非独立核算单位截至本期（不含本期）多缴纳的营业税税额，按本地、异地分别填入“合计”行本栏次；其中，“代扣代缴项目”行应填报截至本期（不含本期）多扣缴的建筑业营业税税额，按本地、异地分别填报。

⑱ 本表第17栏“已缴本期应纳税额”填写纳税人已缴的本期应纳建筑业营业税税额。

⑲ 本表第18栏“本期已被扣缴税额”填写纳税人本身及其所属非独立核算单位在本期因提供建筑业应税劳务而被扣缴的建筑业营业税税额，分本地、异地按照不同应税项目填报。

⑳ 本表第19栏“本期已缴欠缴税额”填写纳税人本身及其所属非独立核算单位本期缴纳的前期欠税，包括本期缴纳的前期经过纳税申报或报告、批准延期缴纳、税务机关核定等确定应纳税额后，超过法律、行政法规规定或者税务机关依照法律、行政法规规定确定的税款缴纳期限未缴纳的税款，按本地、异地分别填入“合计”行本栏次；其中，“代扣代缴项目”行应填报纳税人本身及其所属非独立核算单位在本期已解缴的前期欠税，包括本期解缴的前期经过纳税申报或报告、批准延期缴纳、税务机关核定等确定应纳税额后，超过法律、行政法规规定或者税务机关依照法律、行政法规规定确定的税款解缴期限未解缴的税款，按本地、异地分别填报。

4.《金融保险营业税纳税申报表》的填写

(1)《金融保险营业税纳税申报表》见表4-4

(2)《金融保险营业税纳税申报表》填写要求

① 本申报表适用于金融保险业营业税义务人和扣缴义务人填报。

②“税款所属时间”是指纳税人申报的金融保险业营业税应纳税额的所属期间，应填写具体的起止年、月、日。

表 4-4 金融保险营业税纳税申报表

纳税人识别号　　　　填表日期：年　月　日　　　　金额单位：元(列至角分)

纳税人名称								税款所属时间：自　年　月　日至　年　月　日			
经营项目	营业额						税率(%)	本期			
	应税全部收入	应税减除项目额	应税营业额	免税全部收入	免税减除项目额	免税营业额		应纳税额	免(减)税额	已纳税额	应补(退)税额
1	2	3	4=2−3	5	6	7=5−6	8	9=4×8	10=7×8	11	12=9−11
一般贷款											
外汇转贷											
融资租凭											
买卖股票											
买卖债券											
买卖外汇											
买卖其他金融商品											
金融经纪业务和其他金融业务											
保险业务											
储金业务											
其他											
以上合计											
代扣代缴税款											
金融机构往来收入											
投资损益											
如纳税人填报，由纳税人填写以下各栏				如委托代理人填报，由代理人填写以下各栏						备注	
会计主管：(签章)		法人代表或单位负责人：(签章)				代理人名称			代理人(签章)		
						代理人地址					
						经办人		电话			
以下由税务机关填写											
收到申报表日期								接收人			

本表为 A4 横式，一式三份，一份纳税人留存，一份主管税务机关留存，一份征收部门留存。

③“填表日期”指纳税人填写本表的具体日期。

④“纳税人识别号”，填写税务机关为纳税人确定的识别号。

⑤“纳税人名称”，填写纳税人单位名称全称，不得填写简称。

⑥ 第2栏“应税全部收入”是指税法规定的营业税征收范围内的全部应税营业收入。根据不同的应税项目填写该应税项目的全部收入，包括该应税项目中的减除项目。融资租赁业务应填写包括出租货物价款（相当于贷款本金）在内的全部租金收入。

⑦ 第3栏“应税减除项目额”是指税法规定的可以从应税收入中减除的部分。例如，纳税人从事外汇转贷业务所支付的借款利息支出额；又如纳税人从事融资租赁业务所支出的购置货物的价款等。对于外汇转贷业务，只有贷出部分的本金的利息支出才允许减除，贷入但未贷出部分的本金所支出的利息不允许减除。

⑧ 第4栏“应税营业额”是指税法规定的营业税征收范围内的应税营业额。即应税全部收入减去应税减除项目额的收入额，如果减去的结果为负值，本栏按0填写。

⑨ 第5栏“免税全部收入”是指税法规定的营业税征收范围内的允许免税的项目的全部收入，包括该免税项目中的减除项目。

⑩ 第6栏“免税减除项目额”是指税法规定的可以从免税全部收入中减除的部分。

⑪ 第7栏“免税营业额”是指税法规定的营业税征收范围内的允许免税的项目的营业额。即免税全部收入减去免税减除项目额的收入额。

⑫ 第8栏“税率”根据申报税务机关的不同（国税和地税）填写相应的税率。如地税应填5%，国税原则上应填1%（2002年）。但如有税法规定减税的，如政策性银行，税率减按5%执行，则国税在税率栏填写0。

⑬ 本表中的“保险业务”均不含储金类保险业务的保费收入。

5.《娱乐业营业税纳税申报表》（适用于娱乐业营业税纳税人）

（1）《娱乐业营业税纳税申报表》（适用于娱乐业营业税纳税人）见表4-5

（2）《娱乐业营业税纳税申报表》填写要求

① 本表适用于所有除经主管税务机关核准实行简易申报方式以外的娱乐业营业税纳税人（以下简称纳税人）。

② 本表“纳税人识别号”栏，填写税务机关为纳税人确定的识别号，即税务登记证号码。

表 4-5 娱乐业营业税纳税申报表(适用于娱乐业营业税纳税人)

纳税人识别号:
纳税人名称(公章)
税款所属时间:自 年 月 日至 年 月 日　　填表日期:年 月 日　　金额单位:元(列至角分)

应税项目		营业额				税率(%)	本期税款计算			税款缴纳							
		应税收入	应税减除项目金额	应税营业额	免税收入		小计	本期应纳税额	免(减)税额	期初欠缴税额	前期多缴税额	本期已缴税额			本期应缴税额计算		
												小计	已缴本期应纳税额	本期已缴欠缴税额	小计	本期期末应缴税额	本期期末应缴欠缴税额
1		2	3	4=2−3	5	6	7=8+9	8=(4−5)×6	9=5×6	10	11	12=13+14	13	14	15=16+17	16=8−13	17=10−11−14
歌厅																	
舞厅																	
卡拉OK歌舞厅	夜总会																
	练歌房																
	恋歌房																
音乐茶座	酒吧																
高尔夫球																	
台球、保龄球																	
游艺场																	
网吧																	
其他																	
合计																	

以下由税务机关填写:
受理人:　　受理日期:年 月 日　　受理税务机关(签章):
本表为A4横式,一式三份,一份纳税人留存,一份主管税务机关留存,一份征收部门留存。

③ 本表“纳税人名称”栏，填写纳税人单位名称全称，并加盖公章，不得填写简称。

④ 本表“税款所属时间”填写纳税人申报的营业税应纳税额的所属时间，应填写具体的起止年、月、日。

⑤ 本表“填表日期”填写纳税人填写本表的具体日期。

⑥ 本表所有栏次数据均不包括本期纳税人经税务机关、财政、审计部门检查以及纳税人自查发生的相关数据。

⑦ 本表第2栏“应税收入”填写纳税人本期因提供娱乐业营业税应税劳务所取得的全部价款和价外费用(包括免税收入)。纳税人发生退款或因财务会计核算办法改变冲减营业额时，不在本栏次调减，在第11栏“前期多缴税额”栏次内直接调减税额。

⑧ 本表第3栏“应税减除项目金额”应填写纳税人本期提供营业税应税劳务所取得的娱乐业应税收入中按规定可扣除的项目金额。

⑨ 本表第5栏“免税收入”填写纳税人本期取得的娱乐业应税收入中所含的不需税务机关审批可直接免缴税款的应税收入或已经税务机关批准的免税项目应税收入。

⑩ 本表第10栏“期初欠缴税额”填写截至本期(不含本期)，纳税人经过纳税申报或报告、批准延期缴纳、税务机关核定等确定应纳税额后，超过法律、行政法规规定或者税务机关依照法律、行政法规规定确定的税款缴纳期限未缴纳的税款截至本期(不含本期)尚未缴纳的全部营业税应缴税额。

⑪ 本表第11栏“前期多缴税额”填写纳税人截至本期(不含本期)多缴纳的营业税税额。

⑫ 本表第13栏“已缴本期应纳税额”填写纳税人已缴的本期应纳营业税税额。

⑬ 本表第14栏“本期已缴欠缴税额”填写纳税人本期缴纳的前期欠税，包括本期缴纳的前期经过纳税申报或报告、批准延期缴纳、税务机关核定等确定应纳税额后，超过法律、行政法规规定或者税务机关依照法律、行政法规规定确定的税款缴纳期限未缴纳的税款。

6.《服务业营业税纳税申报表》(适用于服务业营业税纳税人)

(1)《服务业营业税纳税申报表》(适用于服务业营业税纳税人)见表4-6

(2)《服务业营业税纳税申报表》填写要求

① 本表适用于所有除经主管税务机关核准实行简易申报方式以外的服务业营业税纳税人(以下简称纳税人)。

表 4-6 服务业营业税纳税申报表(适用于服务业营业税纳税人)

纳税人识别号:

纳税人名称(公章)

税款所属时间:自 年 月 日至 年 月 日　　填表日期:年 月 日　　金额单位:元(列至角分)

应税项目	营业额				税率(%)	本期税款计算			税款缴纳							
	应税收入	应税减除项目金额	应税营业额	免税收入		小计	本期应纳税额	免(减)税额	期初欠缴税额	前期多缴税额	本期已缴税额			本期应缴税额计算		
											小计	已缴本期应纳税额	本期已缴欠缴税额	小计	本期期末应缴税额	本期期末应缴欠缴税额
1	2	3	4=2−3	5	6	7=8+9	8=(4−5)×6	9=5×6	10	11	12=13+14	13	14	15=16+17	16=8−13	17=10−11−14
旅店业																
饮食业																
旅游业																
仓储业																
租赁业																
广告业																
代理业																
其他服务业																
合计																

以下由税务机关填写:

受理人:　　受理日期:年 月 日　　受理税务机关(签章):

本表为 A4 横式,一式三份,一份纳税人留存,一份主管税务机关留存,一份征收部门留存。

② 本表“纳税人识别号”栏，填写税务机关为纳税人确定的识别号，即税务登记证号码。

③ 本表“纳税人名称”栏，填写纳税人单位名称全称，并加盖公章，不得填写简称。

④ 本表“税款所属时间”填写纳税人申报的营业税应纳税额的所属时间，应填写具体的起止年、月、日。

⑤ 本表“填表日期”填写纳税人填写本表的具体日期。

⑥ 本表所有栏次数据均不包括本期纳税人经税务机关、财政、审计部门检查以及纳税人自查发生的相关数据。

⑦ 本表第2栏“应税收入”填写纳税人本期因提供服务业应税劳务所取得的全部价款和价外费用(包括免税收入)。纳税人发生退款或因财务会计核算办法改变冲减营业额时，不在本栏次调减，在第11栏“前期多缴税额”栏次内直接调减税额。

⑧ 本表第3栏“应税减除项目金额”应填写纳税人本期提供营业税应税劳务所取得的服务业应税收入中按规定可扣除的项目金额，分不同应税项目填写，该栏数据为《服务业减除项目金额明细申报表》中相应“应税项目”的“金额小计”数。

⑨ 本表第5栏“免税收入”填写纳税人本期取得的服务业应税收入中所含的不需税务机关审批可直接免缴税款的应税收入或已经税务机关批准的免税项目应税收入。

⑩ 本表第10栏“期初欠缴税额”填写截至本期(不含本期)，纳税人经过纳税申报或报告、批准延期缴纳、税务机关核定等确定应纳税额后，超过法律、行政法规规定或者税务机关依照法律、行政法规规定确定的税款缴纳期限未缴纳的税款。

⑪ 本表第11栏“前期多缴税额”填写纳税人截至本期(不含本期)多缴纳的营业税税额。

⑫ 本表第13栏“已缴本期应纳税额”填写纳税人已缴的本期应纳营业税税额。

⑬ 本表第14栏“本期已缴欠缴税额”填写纳税人本期缴纳的前期欠税，包括本期缴纳的前期经过纳税申报或报告、批准延期缴纳、税务机关核定等确定应纳税额后，超过法律、行政法规规定或者税务机关依照法律、行政法规规定确定的税款缴纳期限未缴纳的税款。

7.《服务业减除项目金额明细申报表》

(1)《服务业减除项目金额明细申报表》(适用于查账征收的营业税纳税人)见表4-7

表 4-7　服务业减除项目金额明细申报表(适用于查账征收的营业税纳税人)

纳税人识别号：
纳税人名称(公章)
税款所属时间：自　年　月　日至　年　月　日　　　　填表日期：年　月　日　　　　金额单位：元(列至角分)

应税项目	项目	减除项目名称及金额							金额小计
旅游业	减除项目名称								—
	金额								
广告业	减除项目名称								—
	金额								
代理业	减除项目								—
	金额								
	减除项目								—
	金额								
	减除项目								—
	金额								
	减除项目								—
	金额								
	减除项目								—
	金额								
合计		—	—	—	—	—	—	—	

以下由税务机关填写：
受理人：　　　　受理日期：年　月　日　　　　受理税务机关(签章)：
本表为 A4 横式，一式三份，一份纳税人留存，一份主管税务机关留存，一份征收部门留存。

（2）《服务业减除项目金额明细申报表》（适用于查账征收的营业税纳税人）填写要求

① 该表填列服务业应税收入中按照营业税有关规定允许减除的项目名称及金额。

② 每个应税项目按照减除项目名称分别填列允许减除的金额，“小计”金额为该应税项目所有减除项目金额的合计数。

③ 代理业应区分不同代理事项允许减除的项目填写“减除项目名称”、“金额”和“小计金额”。

④ 本表“合计”行的“金额小计”数应与《服务业营业税纳税申报表》第3栏“应税减除项目金额”的“合计”数相等。

实战训练

一、单项选择题

1. 营业税扣缴义务发生时间为纳税人营业税纳税义务发生的（　　）。

A. 当天　　B. 前一天

C. 第二天　　D. 第三天

2. 纳税人应当向应税劳务发生地、土地或者不动产所在地的主管税务机关申报纳税而自应当申报纳税之月起超过（　　）没有申报纳税的，由其机构所在地或者居住地的主管税务机关补征税款。

A. 1个月　　B. 3个月

C. 6个月　　D. 10个月

3. 银行、财务公司、信托投资公司、信用社、外国企业常驻代表机构的纳税期限为（　　）。

A. 1周　　B. 1个月

C. 1个季度　　D. 1年

4. 自（　　）起，交通运输业、娱乐业、服务业、建筑业营业税纳税人，除经税务机关核准实行简易申报方式外，均按《营业税纳税人纳税申报办法》进行纳税申报。

A. 2006年3月1日　　B. 2007年3月1日

C. 2008年3月1日　　D. 2009年3月1日

二、多项选择题

1. 营业税的纳税期限为（　　）。

A. 5日　　B. 10日

C. 15日　　D. 1个月或者1个季度

2. 凡按《营业税纳税人纳税申报办法》(国税发[2005]202号)进行纳税申报的营业税纳税人均应报送以下资料(　　)。

A.《营业税纳税申报表》

B. 按照本纳税人发生营业税应税行为所属的税目,分别填报相应税目的营业税纳税申报表附表;同时发生两种或两种以上税目应税行为的,应同时填报相应的纳税申报表附表

C. 凡使用税控收款机的纳税人应同时报送税控收款机IC卡

D. 主管税务机关规定的其他申报资料

三、判断题

1. 纳税人提供应税劳务应当向其机构所在地或者居住地的主管税务机关申报纳税。但是,纳税人提供的建筑业劳务以及国务院财政、税务主管部门规定的其他应税劳务,应当向应税劳务发生地的主管税务机关申报纳税。(　　)

2. 纳税人销售、出租不动产应当向不动产所在地的主管税务机关申报纳税。(　　)

第5章

营业税的节税技巧

5.1 营业税的优惠政策

要 点

为了对某些纳税人或课税对象进行鼓励和照顾，根据《中华人民共和国营业税暂行条例》和国家的其他规定，有些项目实行免征营业税或减征营业税。本节主要介绍营业税的起征点、营业税的免征项目、营业税的减免规定及其他营业税优惠政策。

解 释

◆ 营业税的起征点

新《营业税暂行条例》第十条和新《营业税暂行条例实施细则》第二十三条规定有以下规定。

（1）营业税起征点是指纳税人营业额合计达到起征点。

（2）营业税起征点的适用范围限于个人。

（3）营业税起征点的幅度规定如下：按期纳税的，为月营业额5 000～20 000元；按次纳税的，为每次（日）营业额300～500元。

（4）纳税人营业额没有超过起征点的收入，免予征收营业税；达到或超过起征点的，应按营业额全额计算应纳税额。

（5）省、自治区、直辖市财政厅（局）、税务局应当在规定的幅度内，根据实际情况确定本地区适用的起征点，并报财政部、国家税务总局备案。

◆ 营业税的免征项目

营业税是一种价内税，国家征收的税款已包括在营业收入之内，纳税人一经取得营业收入，税金即已实现，就应当向国家缴税。从理论上讲，营业税不实行减免照顾，但我国新旧体制转换的过程中，对某些经营收入适当免征或减征，是十分必要的。现行的《营业税暂行条例》对以下项目免征营业税：

(1) 托儿所、幼儿园、养老院、残疾人福利机构提供的育养服务，婚姻介绍，殡葬服务；

(2) 残疾人员个人提供的劳务；

(3) 医院、诊所和其他医疗机构提供的医疗服务；

(4) 学校和其他教育机构提供的教育劳务，学生勤工俭学提供的劳务；

(5) 农业机耕、排灌、病虫害防治、植物保护、农牧保险以及相关技术培训业务，家禽、牲畜、水生动物的配种和疾病防治；

(6) 纪念馆、博物馆、文化馆、文物保护单位管理机构、美术馆、展览馆、书画院、图书馆举办文化活动的门票收入，宗教场所举办文化、宗教活动的门票收入；

(7) 境内保险机构为出口货物提供的保险产品。

除前款规定外，营业税的免税、减税项目由国务院规定。任何地区、部门均不得规定免税、减税项目。

◈ 营业税的减免规定

(1) 保险公司开展的1年期以上返还性人身保险费收入免征营业税。返还性人身保险业务是指保期1年以上(包括1年)，到期返还本利的普通人寿保险、养老保险、健康保险。

(2) 将土地使用权转让给农业生产者用于农业生产，免征营业税。

(3) 社会团体按财政部门或民政部门规定标准收取的会费，不征收营业税。

(4) 对按政府规定价格出租的公有住房和廉租住房暂免征营业税；个人出租住房，不区分用途，在3%基础上减半征收营业税。

(5) 对金融机构出纳长款收入，不征收营业税。

(6) 单位和个人提供的垃圾处置劳务不属于营业税应税劳务，对其处置垃圾取得的垃圾处置费，不征收营业税。

(7) 保险业务取得的追偿款不征收营业税。追偿款是指发生保险事故后，保险公司按照保险合同的约定向被保险人支付赔款，并从被保险人处取得对保险标的价款进行追偿的权利而追回的价款。

(8) 转让企业产权的行为不属于营业税征收范围，不征收营业税。

(9) 自2004年8月1日起，对军队空余房产租赁收入暂免征收营业税、房产税；此前已征税款不予退还，未征税款不再补征。

(10) 为了切实做好下岗失业人员再就业有关营业税优惠政策的落实工作，根据《关于支持和促进就业有关税收政策的通知》(财税[2010]84

号)，按以下优惠政策执行。

① 对商贸企业、服务型企业(除广告业、房屋中介、典当、桑拿、按摩、氧吧外)、劳动就业服务企业中的加工型企业和街道社区具有加工性质的小型企业实体，在新增加的岗位中，当年新招用持《就业失业登记证》人员，与其签订1年以上期限劳动合同并依法缴纳社会保险费的，在3年内按实际招用人数予以定额依次扣减营业税、城市维护建设税、教育费附加和企业所得税优惠。定额标准为每人每年4 000元，可上下浮动20%，由各省、自治区、直辖市人民政府根据本地区实际情况在此幅度内确定具体定额标准，并报财政部和国家税务总局备案。

按上述标准计算的税收扣减额应在企业当年实际应缴纳的营业税、城市维护建设税、教育费附加和企业所得税税额中扣减，当年扣减不足的，不得结转下年使用。

② 对持《就业失业登记证》人员从事个体经营的(除建筑业、娱乐业以及销售不动产、转让土地使用权、广告业、房屋中介、桑拿、按摩、网吧、氧吧外)，在3年内按每户每年8 000元为限额依次扣减其当年实际应缴纳的营业税、城市维护建设税、教育费附加和个人所得税。纳税人年度应缴纳税款小于上述扣减限额的以其实际缴纳的税款为限；大于上述扣减限额的应以上述扣减限额为限。

(11) 根据《关于调整个人住房转让营业税政策的通知》(财税[2011]12号)，有关个人住房转让的营业税政策如下。

① 个人将购买不足5年的住房对外销售的，全额征收营业税；个人将购买超过5年(含5年)的非普通住房对外销售的，按照其销售收入减去购买房屋的价款后的差额征收营业税；个人将购买超过5年(含5年)的普通住房对外销售的，免征营业税。

② 上述普通住房和非普通住房的标准、办理免税的具体程序、购买房屋的时间、开具发票、差额征税扣除凭证、非购买形式取得住房行为及其他相关税收管理规定，按照《国务院办公厅转发建设部等部门关于做好稳定住房价格工作意见的通知》(国办发[2005]26号)、《国家税务总局、财政部、建设部关于加强房地产税收管理的通知》(国税发[2005]89号)和《国家税务总局关于房地产税收政策执行中几个具体问题的通知》(国税发[2005]172号)的有关规定执行。

③《财政部、国家税务总局关于调整个人住房转让营业税政策的通知》(财税[2009]157号)废止。

◆ **其他营业税优惠政策**

1. 中小企业信用担保机构免征营业税

(1) 信用担保机构免税条件

① 经政府授权部门(中小企业管理部门)同意,依法登记注册为企(事)业法人,且主要从事为中小企业提供担保服务的机构。实收资本超过2 000万元。

② 不以营利为主要目的,担保业务收费不高于同期贷款利率的50%。

③ 有2年以上的可持续发展经历,资金主要用于担保业务,具备健全的内部管理制度和为中小企业提供担保的能力,经营业绩突出,对受保项目具有完善的事前评估、事中监控、事后追偿与处置机制。

④ 为工业、农业、商贸中小企业提供的累计担保贷款额占其两年累计担保业务总额的80%以上,单笔800万元以下的累计担保贷款额占其累计担保业务总额的50%以上。

⑤ 对单个受保企业提供的担保余额不超过担保机构实收资本总额的10%,且平均单笔担保责任金额最多不超过3 000万元人民币。

⑥ 担保资金与担保贷款放大比例不低于3倍,且代偿额占担保资金比例不超过2%。

⑦ 接受所在地政府中小企业管理部门的监管,按要求向中小企业管理部门报送担保业务情况和财务会计报表。享受3年营业税减免政策期限已满的担保机构,仍符合上述条件的,可继续申请。

(2) 免税程序

符合条件的中小企业信用担保机构可自愿申请,经省级中小企业管理部门和省级地方税务部门审核推荐后,由工业和信息化部和国家税务总局审核批准并下发免税名单,名单内的担保机构持有关文件到主管税务机关申请办理免税手续,各地税务机关按照工业和信息化部和国家税务总局下发的名单审核批准并办理免税手续后,担保机构可享受营业税免税政策。

(3) 免税政策期限

担保机构从事中小企业信用担保或在担保业务取得的收入(不含信用评级、咨询、培训等收入)3年内免征营业税,免税时间自担保机构向主管税务机关办理免税手续之日起计算。

(4) 政策落实

各省、自治区、直辖市及计划单列市中小企业管理部门和地方税务局根据《国家税务总局关于中小企业信用担保、再担保机构免征营业税的通知》(国税发[2001]37号)要求，自本通知下达之日起，按照公开公正和“成熟一批，上报一批”的原则，认真做好本地区中小企业信用担保机构受理、审核和推荐工作，工业和信息化部和国家税务总局将根据工作安排，下达符合条件的担保机构免税名单。

各省、自治区、直辖市和计划单列市中小企业管理部门、地方税务局要根据实际情况，对前期信用担保机构营业税减免工作落实情况及实施效果开展监督检查，对享受营业税减免政策的中小企业信用担保机构实行动态监管。对违反规定，不符合减免条件的担保机构，一经发现要如实上报工业和信息化部和国家税务总局，取消其继续享受免税的资格。

(5) 审核推荐

各省、自治区、直辖市和计划单列市中小企业管理部门会同地方税务局要严格按规定认真做好审核推荐有关工作，将下列材料以书面形式一式二份(包括电子版)报工业和信息化部中小企业司和国家税务总局货物和劳务税司。

① 按年度提供前期中小企业信用担保机构营业税减免工作的成效、存在问题及建议。

② 经专家审核，并经公示的符合免税条件的中小企业信用担保机构名单。

③ 符合免税条件的《中小企业信用担保机构登记表》，经审计的最近1年完整财务年度的财务报告(包括资产负债表，利润表，现金流量表，担保余额变动表，以及报表中相关数据的附注和说明)，营业执照和公司章程复印件，最近1年完整年度经协作银行加盖公章确认的担保业务明细表(提交的明细表指标中应含有：协作银行名称、担保企业名称、担保金额、担保费收入、担保机构与受保企业合同号、贷款银行与受保企业贷款合同号、担保责任发生日期、担保责任解除日期)。

④ 已取得免税资格，但经审查不符合免税条件的中小企业信用担保机构取消名单及理由。

2. 下岗失业人员再就业税收优惠政策

对持《再就业优惠证》人员从事个体经营的，3年内按每户每年8 000元为限额依次扣减其当年实际应缴纳的营业税、城市维护建设税、教育费附加和个人所得税。

对符合条件的企业，当年新招用持《再就业优惠证》人员，与其签订1年以上期限劳动合同并缴纳社会保险费的，3年内按实际招用人数予以定额依次扣减营业税、城市维护建设税、教育费附加和企业所得税。定额标准为每人每年 4 000 元,可上下浮动 20%。由各省、自治区、直辖市人民政府根据本地区实际情况在此幅度内确定具体定额标准,并报财政部和国家税务总局备案。

上述税收优惠政策的审批期限为 2009 年 1 月 1 日至 2009 年 12 月 31 日。具体操作办法继续按照《财政部国家税务总局关于下岗失业人员再就业有关税收政策问题的通知》(财税[2005]186 号)和《国家税务总局劳动和社会保障部关于下岗失业人员再就业有关税收政策具体实施意见的通知》(国税发[2006] 8 号)的相关规定执行。

3. 海峡两岸海上直航营业税政策

自 2008 年 12 月 15 日起,对台湾地区航运公司从事海峡两岸海上直航业务在内地取得的运输收入,免征营业税。对台湾地区航运公司在 2008 年 12 月 15 日至文到之日已缴纳应予免征的营业税,从以后应缴的营业税税款中抵减,年度内抵减不完的予以退税。所称台湾地区航运公司,是指取得交通运输部颁发的"台湾海峡两岸间水路运输许可证"且上述许可证上注明的公司登记地址在台湾地区的航运公司。

4. 邮政企业代办金融业务免征营业税

对中国邮政集团公司及其所属邮政企业为中国邮政储蓄银行及其所属分行、支行代办金融业务取得的代理金融业务收入,自 2008 年 1 月 1 日至 2010 年 12 月 31 日免征营业税。对于《财政部、国家税务总局关于邮政企业代办金融业务免征营业税的通知》(财税[2009]7 号)到达之日前已缴纳的应予免征的营业税,允许从纳税人以后应缴的营业税税款中抵减或予以退税。

5. 支持文化企业发展营业税优惠政策

自 2009 年 1 月 1 日至 2013 年 12 月 31 日,广播电影电视行政主管部门(包括中央、省、地市及县级)按照各自职能权限批准从事电影制片、发行、放映的电影集团公司(含成员企业)、电影制片厂及其他电影企业取得的销售电影拷贝收入、转让电影版权收入、电影发行收入以及在农村取得的电影放映收入免征营业税。

文化企业在境外演出从境外取得的收入免征营业税。

2010 年年底前,广播电视运营服务企业按规定收取的有线数字电视基本收视维护费,经省级人民政府同意并报财政部、国家税务总局批准,免征营业税,期限不超过 3 年。

上述政策适用于所有文化企业。文化企业是指从事新闻出版、广播影视和文化艺术的企业。

6. 航空公司燃油附加费免征营业税

自2008年1月1日起至2010年12月31日，对航空公司经批准收取的燃油附加费免征营业税。对于本通知到达之日前已缴纳的应予免征的营业税，从以后应缴的营业税税款中抵减，一个年度内抵减不完的营业税由税务机关按照现行有关规定退还给航空公司。

7. 个人住房转让营业税政策

自2009年1月1日至12月31日，个人将购买不足2年的非普通住房对外销售的，全额征收营业税；个人将购买超过2年(含2年)的非普通住房或者不足2年的普通住房对外销售的，按照其销售收入减去购买房屋的价款后的差额征收营业税；个人将购买超过2年(含2年)的普通住房对外销售的，免征营业税。上述普通住房和非普通住房的标准、办理免税的具体程序、购买房屋的时间、开具发票、差额征税扣除凭证、非购买形式取得住房行为及其他相关税收管理规定，按照《国务院办公厅转发建设部等部门关于做好稳定住房价格工作意见的通知》(国办发[2005]26号)、《国家税务总局财政部建设部关于加强房地产税收管理的通知》(国税发[2005]89号)和《国家税务总局关于房地产税收政策执行中几个具体问题的通知》(国税发[2005]172号)的有关规定执行。

8. 技术收入营业税政策

根据《财政部、国家税务总局关于贯彻落实〈中共中央国务院关于加强技术创新，发展高科技，实现产业化的决定〉有关税收问题的通知》(财税[1999]273号)的规定，对单位和个人(包括外商投资企业、外商投资设立的研究开发中心、外国企业和外籍个人)从事技术转让、技术开发业务和与之相关的技术咨询、技术服务业务取得的收入，免征营业税。技术转让是指转让者将其拥有的专利和非专利技术的所有权或使用权有偿转让他人的行为。技术开发是指开发者接受他人委托，就新技术、新产品、新工艺或者新材料及其系统进行研究开发的行为。技术咨询是指就特定技术项目提供可行性论证、技术预测、专题技术调查、分析评价报告等。与技术转让、技术开发相关的技术咨询、技术服务业务是指转让方(或受托方)根据技术转让或开发合同的规定，为帮助受让方(或委托方)掌握所转让(或委托开发)的技术，而提供的技术咨询、技术服务业务。且这部分技术咨询、服务的价款与技术转让(或开发)的价款是开在同一张发票上的。以图纸、资料等为载体提供已有技术或开发成果的，其免税营业额为向对方收取的全部价款和价外费用。以样品、样机、设备等货物为载体提供已有技术或开发成果的，其免税营业额不包括货物的价值。对样品、样机、设备等货物，应当按有关规定征收增值税。转让方（或受托方）应分别反映货物的价值与技术转让、开发的价值，如果货物部分价格明显偏低，应按《增值税暂行条例实施细则》的规定，由主管税务机关核定计税价格。提供生物技术时附带提供的微生物菌种母本和动、植物新品种，应包括在免征营业税的营业额内。但批量销售的微生物菌种，应当征收增值税。

根据《财政部、国家税务总局关于技术开发技术转让有关营业税问题的批复》（财税[2005]39 号）的规定，技术开发、技术转让业务，是指自然科学领域的技术开发和技术转让业务。

9. 非营利性科研机构税收政策

根据《财政部、国家税务总局关于非营利性科研机构税收政策的通知》（财税[2001]5 号）的规定，非营利性科研机构要以推动科技进步为宗旨，不以营利为目的，主要从事应用基础研究或向社会提供公共服务。非营利性科研机构的认定标准，由科技部会同财政部、中编办、国家税务总局另行制定。非营利性科研机构需要书面向科技行政主管部门申明其性质，按规定进行设置审批和登记注册，并由接受其登记注册的科技行政部门核定，在执业登记中注明“非营利性科研机构”。自 2001 年 1 月 1 日起，非营利性科研机构从事技术开发、技术转让业务和与之相关的技术咨询、技术服务所得的收入，按有关规定免征营业税。非营利性科研机构从事与其科研业务无关的其他服务所取得的收入，如租赁收入、财产转让收入、对外投资收入等，应当按规定征收各项税收。

10. 经营性公墓营业税政策

根据《财政部、国家税务总局关于经营性公墓营业税问题的通知》（财税[2001]117 号）的规定，对经营性公墓提供的殡葬服务包括转让墓地使用权收入免征营业税。

11. 自主择业的军队转业干部营业税政策

根据《财政部国家税务总局关于自主择业的军队转业干部有关税收政策问题的通知》（财税[2003]26 号）的规定，自 2003 年 5 月 1 日起，从事个体经营的军队转业干部，经主管税务机关批准，自领取税务登记证之日起，3 年内免征营业税和个人所得税。为安置自主择业的军队转业干部就业而新开办的企业，凡安置自主择业的军队转业干部占企业总人数 60%（含 60%）以上的，经主管税务机关批准，自领取税务登记证之日起，3 年内免征营业税。自主择业的军队转业干部必须持有师以上部队颁发的转业证件。

12. 城镇退役士兵自谋职业营业税政策

根据《财政部、国家税务总局关于扶持城镇退役士兵自谋职业有关税收优惠政策的通知》(财税[2004]93 号)的规定，自 2004 年 1 月 1 日起，对为安置自谋职业的城镇退役士兵就业而新办的服务型企业(除广告业、桑拿、按摩、网吧、氧吧外)当年新安置自谋职业的城镇退役士兵达到职工总数 30%以上，并与其签订 1 年以上期限劳动合同的，经县级以上民政部门认定，税务机关审核，3 年内免征营业税及其附征的城市维护建设税、教育费附加和企业所得税。

上述企业当年新安置自谋职业的城镇退役士兵人数不足职工总数的 30%，但与其签订 1 年以上期限劳动合同的，经县级以上民政部门认定，税务机关审核，3 年内可按计算的减征比例减征企业所得税。

减征比例=(企业当年新招用自谋职业的城镇退役士兵人数÷企业职工总数×100%)×2。

对自谋职业的城镇退役士兵在《国务院办公厅转发民政部等部门关于扶持城镇退役士兵自谋职业优惠政策意见的通知》(国办发[2004]10 号)下发后从事下列行业的，可以享受如下税收优惠政策：从事个体经营(除建筑业、娱乐业以及广告业、桑拿、按摩、网吧、氧吧外)的，自领取税务登记证之日起，3 年内免征营业税、城市维护建设税、教育费附加和个人所得税。

新办企业是指《国务院办公厅转发民政部等部门关于扶持城镇退役士兵自谋职业优惠政策意见的通知》(国办发[2004]10 号)下发后新组建的企业。原有的企业合并、分立、改制、改组、扩建、搬迁、转产以及吸收新成员、改变领导或隶属关系、改变企业名称的，不能视为新办企业。服务型企业是指从事现行营业税“服务业”税目规定的经营活动的企业。商业零售企业是指设有商品营业场所、柜台，不自产商品、直接面向最终消费者的商业零售企业，包括直接从事综合商品销售的百货商场、超级市场、零售商店等。自谋职业的城镇退役士兵是指符合城镇安置条件，并与安置地民政部门签订《退役士兵自谋职业协议书》，领取《城镇退役士兵自谋职业证》的士官和义务兵。

13. 证券投资基金营业税政策

根据《财政部、国家税务总局关于证券投资基金税收政策的通知》(财税[2004]78 号)的规定，自 2004 年 1 月 1 日起，对证券投资基金(包括封闭式证券投资基金和开放式证券投资基金)管理人运用基金买卖股票、债券的差价收入，继续免征营业税。

14. 军队空余房产租赁收入营业税政策

根据《财政部、国家税务总局关于暂免征收军队空余房产租赁收入营业税房产税的通知》(财税[2004]123 号)的规定,自 2004 年 8 月 1 日起,对军队空余房产租赁收入暂免征收营业税、房产税;此前已征税款不予退还,未征税款不再补征。暂免征收营业税、房产税的军队空余房产,在出租时必须悬挂《军队房地产租赁许可证》,以备查验。

15. 在京外国商会营业税政策

根据《国家税务总局关于在京外国商会免征营业税的批复》(国税函[2005]370 号)的规定,对在京外国商会按财政部门或民政部门规定标准收取的会费,不征收营业税。对其会费以外各种名目的收入,凡属于营业税应税范围的,一律照章征收营业税。

16. 合格境外机构投资者营业税政策

根据《财政部、国家税务总局关于合格境外机构投资者营业税政策的通知》(财税[2005]155 号)的规定,对合格境外机构投资者(QFII)委托境内公司在我国从事证券买卖业务取得的差价收入,免征营业税。

17. 营利性医疗机构医疗服务收入营业税政策

根据《国家税务总局关于营利性医疗机构医疗服务收入征收营业税问题的批复》(国税函[2006]480 号)的规定,营利性医疗机构医疗服务价格放开,依法自主经营,照章缴纳营业税。

18. 教育营业税政策

根据《财政部、国家税务总局关于教育税收政策的通知》(财税[2004]39 号)的规定,自 2004 年 1 月 1 日起,对从事学历教育的学校提供教育劳务取得的收入,免征营业税。对学生勤工俭学提供劳务取得的收入,免征营业税。对学校从事技术开发、技术转让业务和与之相关的技术咨询、技术服务业务取得的收入,免征营业税。对托儿所、幼儿园提供养育服务取得的收入,免征营业税。对政府举办的高等、中等和初等学校(不含下属单位)举办进修班、培训班取得的收入,收入全部归学校所有的,免征营业税。对政府举办的职业学校设立的主要为在校学生提供实习场所、并由学校出资自办、由学校负责经营管理、经营收入归学校所有的企业,对其从事营业税暂行条例“服务业”税目规定的服务项目(广告业、桑拿、按摩、氧吧等除外)取得的收入,免征营业税。

根据《财政部、国家税务总局关于加强教育劳务营业税征收管理有关问题的通知》(财税[2006]3 号)的规定,财税[2004]39 号文中的“学历教育”是指:受教育者经过国家教育考试或者国家规定的其他入学方式,进入国家有关部门批准的学校或者其他教育机构学习，获得国家承认的学历证书的教育形式。具体包括：① 初等教育：普通小学、成人小学；② 初级中等教育：普通初中、职业初中、成人初中；③ 高级中等教育：普通高中、成人高中和中等职业学校（包括普通中专、成人中专、职业高中、技工学校）；④ 高等教育：普通本专科、成人本专科、网络本专科、研究生（博士、硕士）、高等教育自学考试、高等教育学历文凭考试。"从事学历教育的学校"是指：普通学校以及经地、市级以上人民政府或者同级政府的教育行政部门批准成立、国家承认其学员学历的各类学校。上述学校均包括符合规定的从事学历教育的民办学校，但不包括职业培训机构等国家不承认学历的教育机构。提供教育劳务取得的收入是指对列入规定招生计划的在籍学生提供学历教育劳务取得的收入，具体包括：经有关部门审核批准，按规定标准收取的学费、住宿费、课本费、作业本费、伙食费、考试报名费收入。超过规定收费标准的收费以及学校以各种名义收取的赞助费、择校费等超过规定范围的收入，不属于免征营业税的教育劳务收入，一律按规定征税。

"托儿所、幼儿园"是指经县级以上教育部门审批成立、取得办园许可证的实施0～6岁学前教育的机构，包括公办和民办的托儿所、幼儿园、学前班、幼儿班、保育院、幼儿园；"提供养育服务"是指上述托儿所、幼儿园对其学员提供的保育和教育服务；对公办托儿所、幼儿园予以免征营业税的养育服务收入是指，在经省级财政部门和价格主管部门审核报省级人民政府批准的收费标准以内收取的教育费、保育费；对民办托儿所、幼儿园予以免征营业税的养育服务收入是指，在报经当地有关部门备案并公示的收费标准范围内收取的教育费、保育费；超过规定收费标准的收费，以开办实验班、特色班和兴趣班等为由另外收取的费用以及与幼儿入园挂钩的赞助费、支教费等超过规定范围的收入，不属于免征营业税的养育服务收入。

"政府举办的高等、中等和初等学校（不含下属单位）"是指"从事学历教育的学校"（不含下属单位）。"收入全部归学校所有"是指：举办进修班、培训班取得的收入进入学校统一账户，并作为预算外资金全额上缴财政专户管理，同时由学校对有关票据进行统一管理、开具。进入学校下属部门自行开设账户的进修班、培训班收入，不属于收入全部归学校所有的收入，不予免征营业税。

各类学校均应单独核算免税项目的营业额，未单独核算的，一律照章征收营业税。各类学校（包括全部收入为免税收入的学校）均应按照《税收征收管理法》的有关规定办理税务登记,按期进行纳税申报并按规定使用发票;享受营业税优惠政策的,应按规定向主管税务机关申请办理减免税手续。

19. 国家大学科技园营业税政策

根据《财政部、国家税务总局关于国家大学科技园有关税收政策问题的通知》(财税[2007]120 号)的规定,国家大学科技园(以下简称科技园)是以具有较强科研实力的大学为依托,将大学的综合智力资源优势与其他社会优势资源相组合,为高等学校科技成果转化、高新技术企业孵化、创新创业人才培养、产学研结合提供支撑平台和服务的机构。自 2008 年 1 月 1 日至 2010 年 12 月 31 日,对符合条件的科技园自用以及无偿或通过出租等方式提供给孵化企业使用的房产、土地,免征房产税和城镇土地使用税;对其向孵化企业出租场地、房屋以及提供孵化服务的收入,免征营业税。享受上述营业税优惠政策的科技园,应同时符合下列条件:① 科技园的成立和运行符合国务院科技和教育行政主管部门公布的认定和管理办法,经国务院科技和教育行政管理部门认定,并取得国家大学科技园资格;② 科技园应将面向孵化企业出租场地、房屋以及提供孵化服务的业务收入在财务上单独核算;③ 科技园内提供给孵化企业使用的场地面积应占科技园可自主支配场地面积的 60%以上(含 60%),孵化企业数量应占科技园内企业总数量的 90%以上(含 90%)。上述所称"孵化企业"应当同时符合以下条件:① 企业注册地及工作场所必须在科技园的工作场地内;② 属新注册企业或申请进入科技园前企业成立时间不超过 3 年;③ 企业在科技园内孵化的时间不超过 3 年;④ 企业注册资金不超过 500 万元;⑤ 属迁入企业的,上年营业收入不超过 200 万元;⑥ 企业租用科技园内孵化场地面积不高于 1 000 平方米;⑦ 企业从事研究、开发、生产的项目或产品应属于科学技术部等部门印发的《中国高新技术产品目录》范围,且《中国高新技术产品目录》范围内项目或产品的研究、开发、生产业务取得的收入应占企业年收入的 50%以上。上述所称"孵化服务"是指为孵化企业提供的属于营业税"服务业"税目中"代理业"、"租赁业"和"其他服务业"中的咨询和技术服务范围内的服务。国务院科技和教育行政主管部门负责对科技园是否符合上述规定的各项条件进行事前审核确认,并出具相应的证明材料。

20. 廉租住房、经济适用住房和住房租赁营业税政策

根据《财政部、国家税务总局关于廉租住房、经济适用住房和住房租赁有关税收政策的通知》(财税[2008]24 号)的规定,对廉租住房经营管

理单位按照政府规定价格、向规定保障对象出租廉租住房的租金收入，免征营业税。

21. 邮政普遍服务和特殊服务营业税政策

根据《财政部、国家税务总局关于邮政普遍服务和特殊服务免征营业税的通知》(财税[2006]47号)的规定，自2006年1月1日起，对国家邮政局及其所属邮政单位提供邮政普遍服务和特殊服务业务(具体为函件、包裹、汇票、机要通信、党报党刊发行)取得的收入免征营业税。享受免税的党报党刊发行收入按邮政企业报刊发行收入的70%计算。

5.2 营业税的节税技巧

要 点

本节主要介绍利用营业税的征税范围进行节税，利用营业税纳税人进行节税，利用营业税税目、税率进行节税，利用营业税营业额进行节税，利用税收优惠进行节税，利用合同签订进行节税。

解 释

◆ 利用营业税的征税范围进行节税

1. 视同销售

按现行税法规定，以物抵债应视同销售缴纳相关的税费。

2. 混合销售

《营业税暂行条例实施细则》第六条和《增值税暂行条例实施细则》第五条规定，除特殊情况外，从事货物的生产、批发或者零售的企业、企业性单位和个体工商户的混合销售行为，视为销售货物，缴纳增值税；其他单位和个人的混合销售行为，视为提供营业税应税劳务，缴纳营业税。其中所称从事货物的生产、批发或者零售的企业、企业性单位和个体工商户，包括以从事货物的生产、批发或者零售为主，并兼营应税劳务的企业、企业性单位和个体工商户在内。

所以混合销售行为的筹划思路以降低税负为标准，如果增值税税负较高，可将非增值税劳务部分独立出来，缴纳营业税。如果营业税税负较高，将销售部分独立出来缴纳增值税。这主要取决于企业选择的组织形式和核算方式。

根据《营业税暂行条例实施细则》的规定，提供建筑业劳务的同时销售自产货物的，增值税和营业税的应税项目应分别纳税。

3. 兼营行为

《营业税暂行条例实施细则》第八条和《增值税暂行条例实施细则》第七条规定，纳税人兼营营业税应税行为和货物或者增值税应税劳务的，应当分别核算应税行为的营业额和货物或者增值税应税劳务的销售额，其营业额缴纳营业税，销售额缴纳增值税；未分别核算的，由主管税务机关核定其应税行为营业额和货物或者应税劳务的销售额。

原政策规定，纳税人兼营应税劳务与货物或非应税劳务的，应分别核算应税劳务的营业额和货物或者非应税劳务的销售额。不分别核算或者不能准确核算的，其应税劳务与货物或者非应税劳务一并征收增值税，不征收营业税。

◆ 利用营业税纳税人进行节税

1. 子公司改为分支机构

根据原营业税的相关政策规定，对纳税人自己生产的货物用于建筑安装，应当在货物移送时征收增值税，同时对其货物价款还必须并入建筑业计税营业额，再征收一道增值税，这样就形成了重复征税。新《营业税暂行条例实施细则》第七条规定，对纳税人在提供建筑业劳务的同时销售自产货物的混合销售行为，应当分别核算应税劳务的营业额和货物的销售额，其应税劳务的营业额缴纳营业税，货物销售额缴纳增值税，未分别核算的，由主管税务机关核定其应税劳务（或应税货物）的营业额（或销售额）。但分别纳税的前提必须是建筑企业自己生产的货物。对建筑企业外购的货物用于建筑安装，根据《营业税暂行条例实施细则》第十六条规定，其营业额仍然应当包括工程所用原材料、设备及其他物资和动力价款在内。

2. 改变收入性质

对于那些企业内部职工在本企业从事的营业行为，企业可以将其设置为内设机构，在依法不办理税务登记的情况下，既可以免除营业税纳税义务，又可以降低其他部分的税负。

◆ 利用营业税税目、税率进行节税

1. 巧签合同

对一些工程项目应缴纳的营业税，合同性质不同，适用的税目、税率也不同，纳税人应综合分析自己的业务情况，利用税目、税率不同这一筹划空间合理节税。

2. “放弃”下的节税

企业若采用先放弃某项权益，避开高税负环节，而后从低税负环节取得收入的筹划思路，也可降低税负。

3. 拆分企业组织形式

对于适用营业税较高税率的娱乐业，要达到节税的目的，可以把烟、酒和其他食品等销售业务分离出去，注册成立一家商业企业，专门经营烟、酒和其他食品等业务。由于经营商品的进销差价很大，可以把这个商业企业注册成增值税小规模纳税人。这样歌舞厅的应纳税额就分成了两部分，商品销售部分按3%的增值税税率缴纳增值税，娱乐收入部分按“娱乐业”20%税率缴纳营业税。

◆ 利用营业税营业额进行节税

1. 利用营业额

根据新《营业税暂行条例实施细则》第十六条的规定，纳税人提供建筑业劳务（不含装饰劳务）的，其营业额应当包括工程所用原材料、设备及其他物资和动力价款在内，但不包括建设方提供的设备的价款。

无论是包工包料工程或是包工不包料工程，营业额均应包括工程所用的原材料及其他动力的价款。这一规定表明纳税人无法通过改变建筑材料的提供方式来进行税收筹划，但是企业可以通过精打细算，严格控制工程原材料的预算开支，提高原材料及其他材料的使用效率，从而降低工程材料、物资等的价款，运用合理的手段减少应税营业额，最终达到营业税税收筹划的目的。

2. 分解营业额

营业税纳税人要真正分解营业额进行计算营业税，必须具备一些法律凭证，如各种制度和合同。

对某些要支付租金的营业活动，可以通过分解应税营业额，或者减少纳税环节，达到合法节约税收之效。

根据《营业税暂行条例》的规定，建筑业的总承包人将工程分包或转包给他人的，以工程的全部承包额减去付给分包人或者转包人的价款后的余额为营业额。工程承包公司承包建筑安装工程业务，如果工程承包公司与建设单位签订建筑安装工程承包合同，无论其是否参与施工，均应按“建筑业”税目征收营业税；如果工程承包公司不与建设单位签订承包建筑安装工程合同，只是负责工程的协调业务，对工程承包公司的此项业务则按“服务业”税目征收营业税。

◆ 利用税收优惠进行节税

1. 利用优惠政策

纳税筹划的一个重要方面就是利用优惠政策，具体手段包括利用减免税、起征点两个方面。

2. 利用起征点

根据财政部、国家税务总局《关于廉租住房、经济适用住房和住房租赁有关税收政策的通知》的规定，对个人出租住房，不区分用途，在3%税率的基础上减半征收营业税，按4%的税率征收房产税。对个人出租、承租住房签订的租赁合同，免征印花税，免征城镇土地使用税。

◆ 利用合同签订进行节税

1. 签订第三方合同

对于一些存在“转手”或“过手”等现象的工程项目，或一些有代收款项的企业，可以通过签订三方或者多方合同，减少款项的周转或代收，达到消除营业税重复纳税的目的。

2. 租赁变分包

按照《营业税暂行条例》第五条规定，纳税人将建筑工程分包给其他单位的，以其取得的全部价款和价外费用扣除其支付给其他单位的分包款后的余额为营业额。因此，建筑公司可以少交“土方分包工程”的营业税。根据《营业税暂行条例》的规定，租赁业务的营业税为5%，建筑工程的营业税为3%。

实例详解

◆ 利用营业税的征税范围进行节税实例

1. 视同销售

【例 5-1】

甲企业欠乙企业贷款2 500万元，由于甲企业发生财务困难、无力偿还该部分贷款，双方商定甲企业以一幢原购置成本为1 000万元、账面价值为800万元的房产作价2 500万元抵偿该部分欠款，这时甲企业要缴纳营业税。《财政部、国家税务总局关于营业税若干政策问题的通知》(财税[2003]16号)规定：“单位和个人销售或转让抵债所得的不动产、土地使用权的，以全部收入减去抵债时该项不动产或土地使用权作价后的余额为营业额。”因此，营业税为：(2 500－1 000)×5%＝75(万元)，城建税及教育费附加＝75×10%＝7.5(万元)，上述资产抵债过程中的总税负为

82.5 万元。

乙企业收回房产后以 2 000 万元的价格将其转让给丙企业，这时乙企业的税负为营业税负，但是由于售价低于抵债时的作价，因此，此时无须缴纳营业税。契税在此按 3%计算，2500×3%＝75(万元)，总税负最低为 75 万元。

丙企业的税负为契税 2 000×3%＝60(万元)。

上述资产的过户、登记等费用一般以标的额的一定比例收取，但由于各地没有统一标准，在此忽略不计。

【分析】

如果双方约定以该房产变现后的价款抵偿 2 500 万元的贷款、该款项在乙方控制之内并确保在收回该款项的前提下，由甲方直接将上述资产转让给第三方丙企业而不经过乙方的话，则将大大降低双方的税负。假如甲方以 2 000 万元直接销售给丙企业，同时将 2 000 万元抵偿乙方的 2 500 万元贷款，这时甲方的税负为营业税(2 000－1 000)×5%＝50(万元)，城建税及教育费附加 50×10%＝5(万元)，总税负为 55 万元。

由于乙企业只是控制该笔交易而不以自己的名义进行交易，所以乙企业的税负为零。

丙企业的税负不变仍为契税 60 万元。

比较筹划前后的两种方法可知，通过税收筹划甲企业可减轻税负 27.5 万元(仅就该项资产抵债和变现过程而言，不考虑所得税及其他费用)，乙企业最少可减轻税负 75 万元，丙企业不变。

2. 混合销售

【例 5-2】

A 空调安装公司是增值税一般纳税人，主要从事中央空调销售安装业务，2010 年 9 月对外销售空调收入 1 000 万元，当期进项税额 100 万元。

由于其属于从事货物销售为主的企业，其发生的空调销售安装混合销售行为，视为销售货物，应当缴纳增值税 1 000÷(1＋17%)×17%－100＝45.30(万元)，税负为 45.3%。

【分析】

该公司接受税务顾问建议把销售和安装业务分离，另外成立一公司专门对于 A 公司的空调销售提供配套安装服务。同样条件下，安装费单独计价为 200 万元，空调销售价款 800 万元，则此时 A 公司应当缴纳增值税 800÷(1＋17%)×17%－100＝16.24(万元)，安装公司应当缴纳营业税 200×3%＝6(万元)，合计税金 22.24(万元)，税负为 2.22%。

混合销售的分离可以改变实际税负，但前提条件是能够满足销售经营的需要且合同设计得为客户所接受。

【例 5-3】

B运输公司主要从事运输业务，利用自身便利条件经常采购商品运输并自行销售，2010 年 9 月运输收入 1 000 万元，连带销售商品收入 200 万元。该公司对于销售进行了单独核算。

【分析】

运输收入 1 000 万元应当计算缴纳营业税没有异议，对于混合销售收入 200 万元如何缴纳税款，新旧政策是有区别的。财政部、国家税务总局《关于增值税、营业税若干政策规定的通知》(财税字[1994]26 号)第四条第二项规定："从事运输业务的单位与个人，发生销售货物并负责运输所售货物的混合销售行为，征收增值税。"该条规定与现行政策中的"其他单位和个人的混合销售行为，视为提供应税劳务，缴纳营业税"规定相违背。并且《财政部、国家税务总局关于公布若干废止和失效的营业税规范性文件的通知》(财税[2009]61 号)对财税字[1994]26 号文件第四条第二项规定做了失效处理。这就意味着新的政策下，主要从事运输的单位和个人，发生销售货物并负责运输所售货物的混合销售行为，自 2009 年 1 月 1 日起应缴纳营业税。

本案例中运输营业税税率 3%，略高于增值税小规模纳税人税负 2.91%[3%÷(1+3%)]，远低于一般纳税人增值税税率 17%或 13%，假如B公司销售业务分离，为小规模纳税人，税收收益变化不大。假如B公司业务分离，为一般纳税人，则业务分离后税负会有明显变化。

【例 5-4】

A公司销售自产货物同时提供建筑安装劳务，2009 年上半年实现混合销售收入 1 370 万元，其中货物销售收入 1 170 万元(含税)，建筑安装收入 200 万元。A公司为增值税一般纳税人，货物适用增值税税率为 17%，假设购买方都不是增值税一般纳税人。

A公司增值税销项税额＝1 170÷(1＋17%)×17%＝170(万元)

A公司应缴营业税额＝200×3%＝6(万元)

【分析】

如果A公司将混合销售额中的货物销售收入调整为 1 053 万元(含税)，安装收入调整为 317 万元，那么A公司增值税销项税额和应缴营业税额计算如下：

A公司增值税销项税额＝1 053÷(1＋17%)×17%＝153(万元)

A公司应缴营业税额＝317×3％＝9.51(万元)

筹划后A公司税收负担将减少13.49(170＋6－153－9.51)(万元)。

纳税人在实施上述税收筹划方案时需要注意两点：一是筹划方案的成立，以购买方不需要抵扣增值税进项税额为前提。例如在上例中，如果购买方都是增值税一般纳税人，那么筹划前购买方可取得进项税额170万元，筹划后购买方只能取得进项税额153万元，损害合作方利益的税收筹划方案都是不成立的；二是降低货物销售收入同时提高建筑安装收入的幅度应当控制在合理的范围内，以免被国税部门认定为货物销售价格明显偏低且无正当理由。

3. 兼营行为

【例5-5】

C公司从事装饰材料的销售业务，并承揽部分装饰装修业务，2010年9月对外销售装饰材料收入1 000万元，当期进项税额100万元，承接装饰装修业务收入500万元。

【分析】

C公司分开核算收入，新、旧政策规定是一样的，应计算缴纳增值税1 000÷(1＋17％)×17％－100＝45.30(万元)，计算缴纳营业税500×3％＝15(万元)，合计缴纳税款60.30万元。

C公司若没有分开核算收入，按照原政策规定，其当月收入合计1 500万元都需要缴纳增值税，1 500÷(1＋17％)×17％－100＝117.95(万元)。

C公司若没有分开核算收入，按照新政策规定，主管国家税务机关对其货物销售额有权进行核定，主管地方税务机关也有权对其营业税营业额进行核定。假定主管国家税务机关核定货物销售额1 100万元，主管地方税务机关核定营业税营业额600万元，那么企业要承担更高的税负。

兼营业务分开核算要表现在：合同或协议分开。发票开具分开，货物销售额开具国税销售发票，营业税业务开具地税发票。会计处理分开核算，分别入账。

混合销售与兼营行为的区别：

实践中，混合销售和兼营行为容易混淆，两者的共同点是都包括销售货物与提供营业税应税劳务两种行为。不同点是混合销售行为强调在同一项销售行为(同一业务)中存在两者的混合且价款难以分清，兼营行为强调在纳税人的经营活动中存在着两类不同性质的应税项目，即不是在同一销售行为(同一业务)中发生或不同时发生在同一个购买者(客户)身上。因此，混合销售和兼营行为的判定标准，主要是看其销售货物行为与提供劳务的行为是否同时发生在同一业务中，如果是，则为混合销售行为；如果不是，则为兼营行为。

混合销售和兼营行为的性质有别，故其纳税原则也不相同。前者是以纳税人的经营主业为标准划分，就全部销售收入(营业额)只征一种税，或征增值税，或征营业税；而后者强调纳税人能够分别核算、准确核算，则分别征收增值税和营业税，否则由主管税务机关核定其应税行为营业额和货物或者应税劳务的销售额。

【例 5-6】

某大型餐饮公司为了拓展业务，在开发区建立了分店。成立的分店既在店内提供餐饮服务，也负责向附近单位开展送餐服务。同时该店自制的卤货等食品也深受消费者欢迎，每年节日期间附近单位还向该店大量订购卤货等食品。

由于现行餐饮业的营业税税率为 5%，而小规模纳税人的增值税征收率已统一调整至 3%，该公司财务经理提出一个方案：成立一个非独立核算的门市部，负责对附近单位的送餐业务及对外销售食品。该门市部送餐业务及对外销售食品属于兼营行为，可按 3%的征收率缴纳增值税，从而降低企业税负。

那么，该餐饮公司提出的方案是否可行呢？

【分析】

(1) 餐饮企业送餐及销售食品如何纳税？

根据《关于印发〈营业税税目注释〉(试行稿)的通知》(国税发[1993]149 号)的规定，饮食业是指通过同时提供饮食和饮食场所的方式为顾客提供饮食消费服务的业务。对于并不提供服务场所的送餐及通过附设门市部对外销售食品的行为，《关于烧卤熟制食品征收流转税问题的批复》(国税函[1996]261 号)规定，对饮食店、餐馆等饮食行业经营烧卤熟制食品的行为，不论消费者是否在现场消费，均应当征收营业税。其后，《关于饮食业征收流转税问题的通知》(国税发[1996]202 号)进一步明确，饮食店、餐馆(厅)、酒店(家)、宾馆、饭店等单位发生属于营业税“饮食业”应税行为的同时销售货物给顾客的，不论顾客是否在现场消费，其货物部分的收入均应当并入营业税应税收入征收营业税；但上述单位附设门市部、外卖点等对外销售货物的，仍按《增值税暂行条例实施细则》第六条和《营业税暂行条例实施细则》第六条关于兼营行为的征税规定征收增值税。也就是说，饮食企业销售货物如果是在提供营业税“饮食业”应税行为的同时发生的，则属于混合销售行为，应并入营业税应税收入征收营业税；如果是通过附设门市部、外卖点等对外销售货物，则属于兼营行为，应该征收增值税。根据《关于修改若干增值税规范性文件引用法规规章条款依据的通知》（国税发［2009］10 号），国税发［1996］202 号文件第二条中“按《增值税暂行条例实施细则》第六条和《营业税暂行条例实施细则》第六条”修改为“按《增值税暂行条例实施细则》第七条和《营业税暂行条例实施细则》第八条”。也就是说，新的流转税法规实施后，上述文件仍然是有效的。

但《关于餐饮公司送餐业务有关税收问题的批复》（国税函［2009］233 号）又有新的规定，百胜餐饮（广东）有限公司主要经营中西餐饮服务，制作餐厅食品及冷热饮料，其设立非独立核算分支机构从事“必胜宅急送”业务，提供餐饮食品的送餐服务，其营业范围、食品制作工艺、操作流程及原材料成本构成与传统餐饮服务基本相同，因此，对该公司取得的餐饮食品送餐收入不征收增值税，应征收营业税。该文件与国税发［1996］202 号文件还是有所不同的，即对餐饮企业附设非独立核算分支机构提供餐饮食品的送餐服务，并不是作为兼营处理。文件将不提供饮食场所的送餐业务也作为“饮食业”的应税范围，实际上也是考虑了饮食业的现状。对于既有“同时提供饮食和饮食场所”业务，又有大量送餐业务的企业，要求准确核算不同业务下的销售额是很困难的，如果企业人为调整不同营销方式下的销售额，税务部门也是难以核查的。

当然该文件的规定应仅适用于餐饮企业，非餐饮企业提供的送餐收入属于增值税应税项目。如《关于经营高校学生公寓及高校后勤社会化改革有关税收政策的通知》（财税［2006］100 号）的规定，对高校后勤实体向其他高校提供快餐的外销收入，免征增值税；对高校后勤实体向其他社会人员提供快餐的外销收入，按现行规定计征增值税。

（2）餐饮企业销售食品如何降低税负？

如果该企业附设门市部销售食品，包括节日期间向各单位销售卤货，仍应按国税发［1996］202 号文件的规定作为兼营业务缴纳增值税，但不一定就能适用小规模纳税人 3％的征收率。

如果该企业门市部对外销售食品及节日期间向各单位推销月饼的销售额超过了小规模纳税人的标准，则应申请一般纳税人资格认定并按 17％的税率缴纳增值税。

由于其原料大部分是农产品，根据《增值税暂行条例》第八条规定，购进农产品只能按农产品收购发票或者销售发票上注明的农产品买价和

13%的扣除率计算应抵扣的进项税额，如果作为一般纳税人缴纳增值税，其税负将远远大于按5%税率缴纳的营业税。

因此，该企业应根据对外销售食品的情况，考虑是否设立门市部。实务中各单位购买货物，往往习惯于开具饮食发票，当然很多时候是应客户的需要，这样实际上增加了餐饮企业的税负。

◆ 利用营业税纳税人进行节税实例

1. 子公司改为分支机构

【例5-7】

A公司是湖南省的一家以建筑安装为主导产业的大型集团企业，该集团总公司下设建筑安装公司、钢结构公司、混凝土公司、门窗加工厂、预制构件公司五家子公司。该集团总公司顺应国家对税收政策的调整，对集团公司进行了全面的整合：对原有的全资子公司一律改组改制为非法人的分支机构。通过机构的整合，全年共节约税收成本上千万元。

【分析】

因为该集团公司下设的子公司为法人公司，对建筑安装公司从其他子公司购入的货物用于建筑安装的，子公司应当缴纳增值税，同时，建筑安装公司在计算“建筑业”营业税时，还必须包括支付给子公司的货物价款。通过将子公司全面改组改制为非法人的分支机构后，对各分支机构生产的货物用于建筑安装，就构成了“自产货物自用”的事实，在计算“建筑业”营业税时，其计税营业额就不再包括自产货物的价款，从而避免了重复征税。

2. 改变收入性质

【例5-8】

某宾馆将其所属的一栋饭店出租，该饭店的房产原值为500万元。职工李某经过竞标，以年租金50万元获得6年的承租权。根据双方事先约定，李某在财务上独立核算，享有独立的生产经营权。针对出租饭店这项业务，该宾馆每年应缴纳的税款如下：应缴纳营业税额＝50×5%＝2.5(万元)；应缴纳城建税和教育费附加额＝2.5×(7%＋3%)＝0.25(万元)；应缴纳房产税额＝50×12%＝6(万元)；该宾馆共应缴纳税款＝2.5＋0.25＋6＝8.75(万元)。

【分析】

该宾馆可以要求李某既不办理独立营业执照，亦不办理税务登记证，同时也不签订租赁合同，每年按时把原来的“上交租金”改为“上交管理费”，把饭店视作该宾馆的内设机构，即仍以宾馆的名义对外经营饭店，那么宾馆收取李某房屋租金部分的房产税、营业税及其附加就可以免除，只负担房产原值部分的房产税，而此时房产税也以“管理费”形式上交给宾馆，这样宾馆承担的税负就大大降低了。

进行上述筹划方案的依据是：新《营业税暂行条例实施细则》第十条规定，除本细则第十一条和第十二条的规定外，负有营业税纳税义务的单位为发生应税行为并收取货币、货物或者其他经济利益的单位，但不包括单位依法不需要办理税务登记的内设机构。如果承包者或承租者未领取任何类型的营业执照，且不办理税务登记证，而作为企业的内设机构来处理，那么企业向其提供各种资产所收取的各种名目的价款，均属于企业内部分配行为，不属于租赁行为（这一点与原《营业税暂行条例实施细则》的有关规定是有区别的）。所以，李某是该宾馆的内部职工，如果该宾馆把李某经营的饭店作为内设机构来处理，在李某不办理税务登记证的情况下，是不负有营业税纳税义务的。

筹划后，由李某承担的房产原值部分房产税以“管理费”形式上交给宾馆，该宾馆再按规定向地税部门缴纳房产税，该房产税额＝500×（1－30％）×1.2％＝3.36（万元），比筹划前少缴纳税款5.39万元（8.75－3.36）。

【例5-9】

建设单位甲有一项工程由工程承包公司乙组织安排施工单位，最后施工单位丙、丁中标并直接与甲签订承包合同，合同约定承包金额共400万元，甲另外支付给乙40万元中介服务费，乙缴纳营业税（城建税等附加暂不计算）40万元×5％＝20 000元。

【分析】

乙与甲直接签订承包合同，合同约定承包金额为440万元，之后乙将工程转包给丙、丁，转包金额为400万元，根据《营业税暂行条例》第五条第（三）款“纳税人将建筑工程分包给其他单位的，以其取得的全部价款和价外费用扣除其支付给其他单位的分包款后的余额为营业额”的规定，乙应纳营业税（440－400）×3％＝12 000元。

乙通过方案二可少缴8 000元营业税。

值得注意的是，进行工程承包合同的税收筹划，关键是与工程相关的合同应避免单独签订服务合同。同时，要保持总包与分包合同条款的完整性。此外，由于营业税属价内税，营业额包括所收取的全部价款和价外费用，但对建筑业规定了分包或转包扣除。《营业税暂行条例》规定，建筑业的总包人将工程分包或转包他人的，以承包额减去付给分包人或转包人的价款后的余额为营业额。因此，在签订分包或转包合同时，要注意此条款的应用。

◆ **利用营业税税目、税率进行节税实例**

1. 巧签合同

【例 5-10】

某市A公司总承包某建筑单位的办公楼与住宅楼工程，现B公司准备组织安排C、D公司签订分包合同，合同总金额为3 600万元，A公司另支付给B公司200万元的中介费。B公司取得的中介费按“服务业”税目适用5%的税率计算缴纳营业税，其应缴纳营业税额＝200×5%＝10(万元)；应缴纳的城建税和教育费附加额＝10×(7%＋3%)＝1(万元)；B公司共应缴纳税款＝10＋1＝11(万元)。

【分析】

为合理节税，B公司可进行如下筹划，即在具备建筑行业承包资质的情况下，B公司可与A公司直接签订建筑工程承包合同，合同约定工程承包金额为3 800万元，之后B公司可将工程转包给C、D公司，转包金额为3 600万元。根据《营业税暂行条例》第五条第(三)款“建筑业的总承包人将工程分包或转包给他人的，以工程的全部承包额减去付给分包人或者转包人的价款后的余额为营业额”的规定，B公司缴纳营业税额＝(3 800－3 600)×3%＝6(万元)，应缴纳城建税和教育费附加＝6×(7%＋3%)＝0.6(万元)，B公司共应缴纳税款＝6＋0.6＝6.6(万元)。筹划后，B公司200万元的收入按“建筑业”3%的税率缴纳营业税，其承担的税负可大大降低，将少缴纳税款4.4万元。

上述筹划，依据的是国税函发[1995]156号文件第七条的规定，工程承包公司承包建筑安装工程业务，即工程承包公司与建设单位签订承包合同的建筑安装工程业务，无论其是否参与施工，均应按“建筑业”税目征收营业税。工程承包公司不与建设单位签订承包建筑安装工程合同，只是负责工程的组织协调业务，对工程承包公司的此项业务则按“服务业”税目征收营业税。

也就是说，B公司将工程分包或转包给他人时，应以工程的全部承包额3 800万元减去付给分包人或转包人价款3 600万后的余额200万元为营业额。B公司与A公司签订建筑工程承包合同，无论其是否参与施工，均应按建筑业税目适用3%的税率征收营业税；若B公司不与A公司签订建筑工程承包合同，而是签订行纪合同，只负责工程的组织协调业务，那么对其收取的中介费则应按“服务业”税目适用5%的税率征收营业税。

2."放弃"下的节税

【例 5-11】

2010 年 4 月,某建筑公司接受某债务人以土地使用权抵偿 1 000 万元债务,取得一块土地。该建筑公司在土地上建造 10 幢别墅,并以每幢 300 万元的价格销售出去,取得销售收入 3 000 万元。10 幢别墅的建筑安装成本为 600 万元,土地增值税扣除项目金额为 2 200 万元。

建筑公司应缴各项税费金计算如下:营业税成本利润率为 10%,城建税适用税率为 7%,教育费附加征收率为 3%,契税适用税率为 4%,不考虑企业所得税。

根据《国家税务总局关于出售自建建筑物征收营业税的通知》的规定,建筑公司自建房屋在销售时应缴纳建筑安装营业税额=600×(1+10%)÷(1-3%)×3%=20.41(万元)

应缴纳销售不动产营业税额=3 000×5%=150(万元)

增值率=(3 000-2 200)÷2200×100%=36%

应缴纳土地增值税=(3 000-2 200)×36%=288(万元)

应缴纳城建税、教育费附加=(150+20.41)×(7%+3%)=17.04(万元)

购房者应缴纳契税=3 000×4%=120(万元)

以上应纳税额合计为:20.41+150+288+17.04+120=595.45(万元)

【分析】

建筑公司若能避开销售不动产环节,则可以大幅度降低税负。上述业务可以分以下两步进行。

第一步,在建房前,建筑公司先确定 10 户购房人,将土地使用权以每户 60 万元的价格转让给购房人,可得销售收入 600 万元。

第二步,建筑公司以每户 288 万元的价格与 10 户购房人分别签订建房合同,房屋建成后可得建筑安装收入 2 880 万元。

筹划前后对比,建筑公司的收入、成本、费用以及购房人的支出是基本相同的,而税收负担却发生了巨大的变化。

《财政部、国家税务总局关于营业税若干政策问题的通知》规定,从 2003 年 1 月 1 日起,单位和个人销售或转让其购置的不动产或受让的土地使用权,以全部收入减去不动产或土地使用权的购置或受让原价后的余额为营业额。因此,建筑公司将土地转让给购房人取得的 600 万元收入,应缴纳的转让无形资产营业税为零。

转让土地未增值，因此不需要缴纳土地增值税。

购买人取得土地使用权应缴纳契税额＝600×4%＝24(万元)

建筑公司可以不再负担销售不动产营业税。

应缴纳建筑安装营业税额＝2 880×3%＝86.4(万元)

应缴纳城建税、教育费附加＝86.4×(7%＋3%)＝8.64(万元)

以上应纳税额合计为24＋86.4＋8.64＝119.04(万元)

可见，筹划后与筹划前相比，税收负担减少了476.41万元(595.45－119.04)。

3. 拆分企业组织形式

【例5-12】

2010年5月，某歌舞厅取得的营业收入为45万元，其中有25万元是出售烟、酒和小食品所取得的收入，即商品销售收入；另外20万元属于娱乐收入。假设该酒店适用的营业税税率为20%，此时，商品销售收入也一并按照“娱乐业”缴纳营业税，则其应缴纳营业税额＝45×20%＝9(万元)。

【分析】

该歌舞厅另外注册成立一家商业企业，为增值税小规模纳税人，专门经营烟、酒和其他食品等业务。筹划后，该歌舞厅应缴纳营业税额＝20×20%＝4(万元)；该商业企业应缴纳增值税额＝25÷(1＋3%)×3%＝0.728(万元)，共可少缴纳税款4.272万元(9－4－0.728)。

◆ 利用营业税营业额进行节税实例

1. 利用营业额

【例5-13】

某单位建造一栋办公楼，将工程承包给某施工单位。工程承包金额为1 800万元，工程所用材料由建造单位自行到市场上购买，材料款为800万元，工程承包金额和材料费合计为2 600万元。请计算该施工单位应当缴纳的营业税，并提出税收筹划方案。

【分析】

虽然工程所用材料是由建造单位购买的，但在计算营业税时，材料费同样应当计算在内。施工单位应当缴纳营业税额：

(1 800＋800)×3%＝78(万元)。

如果由施工单位包工包料，施工单位可到材料生产厂家直接批量采购，材料款只需600万元，工程承包金额和材料费合计为2 400万(元)。施工单位应当缴纳营业税税额：

(1 800+600)×3%=72(万元)。

因此,采用包工包料形式,施工企业可因此节约税款:

78-72=6(万元)。

【例 5-14】

某市区安装企业A承包某单位B传动设备的安装工程,原计划安装企业A提供设备并负责安装,工程总造价为300万元;其中设备费用为260万元,安装费用为40万元。安装企业A应当缴纳营业税额为300×3%=9(万元)。同时,需缴纳城市维护建设税和教育费附加为9×10%=0.9(万元),合计纳税为9.9万元。请提出税收筹划方案。

【分析】 安装企业A经过税收筹划后,决定改为只负责安装业务,收取安装费60万元,设备由单位B自行采购提供(A可以提供信息以及给予一定的协助)。则该安装企业A只需要缴纳营业税额为60×3%=1.8(万元);同时需缴纳城市维护建设税和教育费附加为1.8×10%=0.18(万元),合计纳税为1.98万元。通过税收筹划,使得企业A节约税款9.9-1.98=7.92(万元)。

2. 分解营业额

【例 5-15】

2010年4月份,某展览公司在市展览馆举办产品推销会,参展的客户共有400家,共取得营业收入3 500万元。该展览公司取得收入后,要支付给展览馆租金等费用1 500万元。请问应怎样进行纳税筹划使税负更轻?

【分析】

由于该展览公司取得的收入属于中介服务收入,应按"服务业"税目计算缴纳营业税,其应缴纳营业税=3 500×5%=175(万元)。

该展览公司在发出办展通知时,可以规定参展的客户分别交费,其中2 000万元服务收入汇到展览公司,由展览公司给客户开具发票,另外1 500万元直接汇给展览馆,由展览馆给客户开具发票。但是,改变收款模式可能会给展览馆增加收款工作,双方可以洽谈回报方式。

经过纳税筹划后,1 500万元营业额经过形式上的转换则不需要缴纳营业税,该展览公司只需就取得的提供服务的收入2 000万元缴税,其应缴纳营业税额=2 000×5%=100(万元)。在保证双方收入不变、客户和展览馆的税负不变的前提条件下,该展览公司可少缴纳营业税75(即175-100)万元。

由此可知,对某些要支付租金的营业活动,可以通过分解应税营业

额，或者减少纳税环节，达到合法节约税收的效果。

◆ 利用税收优惠进行节税实例

1. 利用优惠政策

【例 5-16】

D省下岗失业人员再就业的营业税起征点为月营业额5 000元，某下岗失业人员李某开设的理发店某月营业额为5 150元，应当缴纳营业税。“服务业”营业税率为5%，则该理发店应当缴纳的营业税和税后利润如下：

应纳营业税额＝5 150×5%＝257.5(元)

应纳城市维护建设税及教育费附加＝257.5×(7%＋3%)＝25.75(元)

合计纳税额＝257.5＋25.75＝283.25(元)

不考虑其他税负的税后利润＝5 150－283.25＝4 866.75(元)

对此，应如何进行纳税筹划？

【分析】

若该理发店能够预先估计本月营业额将超过5 000元的起征点的话，则该理发店就可以在月末为老顾客(或者老年人)实行理发优惠制度，将本月营业额控制在5 000元内。这样节约了税负，还赢得了顾客，为以后更好的生意打下基础，又提高了持续经营下的总体税后利润。

2. 利用起征点

【例 5-17】

小李在单位附近购置了一套新房，手中一套旧住房由此闲置，想用2 000元修理一下，以每年25 000元租出。该如何进行税收筹划呢？

【分析】

根据《关于调整住房租赁市场税收政策的通知》规定，对个人出租房屋所得暂减按10%的税率征收个人所得税。小李每月应纳营业税额为25 000÷12×1.5%＝31.25(元)，城乡维护建设税额为31.25×5%＝1.56(元)，教育费附加为31.25×3%＝0.94(元)，全年应纳营业税额为31.25×12＝375(元)，城乡维护建设税额为1.56×12＝18.72(元)，教育费附加为0.94×12＝11.28(元)。

房产税额每月为25 000÷12×4%＝83.33(元)，全年为83.33×12＝999.96(元)。

个人所得税前3个月因减除修理费用分别为[25 000÷12－(31.25＋1.56＋0.94＋83.33)－800－800]×10%＝36.63(元)、[25 000÷12－(31.25＋1.56＋0.94＋83.33)－800－800]×10%＝36.63(元)和[25 000÷12－

(31.25＋1.56＋0.94＋83.33)－400－800]×10％＝76.63(元)。

其余9个月每月应纳个人所得税[25 000÷12－(31.25＋1.56＋0.94＋83.33)－800]×10％＝116.63(元)，全年应纳个人所得税 36.63＋36.63＋76.63＋116.63×9＝1 199.56(元)。

那么，小李的年税收负担是 375＋18.72＋11.28＋999.96＋1 199.56＝2 604.52(元)。

如果利用营业税起征点进行筹划，就可减轻小李的税收负担。根据《中华人民共和国营业税暂行条例》规定，未达起征点的免征营业税，当地营业税的起征点是 2 000 元，小李如果以 23 000 元租出去，让承租人自己简单修理，就可把月租金降到营业税起征点以下，免征营业税。那么，小李每月就只应纳房产税额 23 000÷12×4％＝76.67(元)，个人所得税额(23 000÷12－76.67－800)×10％＝104(元)，全年税收负担 76.67×12＋104×12＝2 168.04(元)，比原来降低 2 604.52－2 168.04＝436.48(元)。

◆ 利用合同签订进行节税实例

1. 签订第三方合同

【例 5-18】

某建筑设计公司的主要业务是绘制图纸，但同时还承揽一些工程建设业务。2010 年 5 月份，该设计公司承包了一项工程建设业务，负责承建某卷烟厂的卷烟厂房，合同整体款为 4 500 万元，其中卷烟设备的价格为 2 000 万元，实际取得的收入为 2 500 万元。根据新《营业税暂行条例》的规定，该设计公司必须按全额 3 500 万元缴税，应缴纳营业税额为 3 500×3％＝105(万元)。

【分析】

该设计公司可以修改交易方式，和卷烟设备厂签订第三方合同。设计公司只负责施工，签订的合同价款为 2 500 万元，卷烟设备厂负责供应卷烟设备，签订的合同价款为 2 000 万元。那么，该建筑设计公司卷烟设备部分就不需缴纳营业税，施工部分只按“建筑业”3％的税率缴纳营业税即可。筹划后，该设计公司应缴纳营业税额＝2 500×3％＝75(万元)，节税 35 万元。

2. 租赁变分包

【例 5-19】

某建筑公司的土石方工程由拥有大型挖掘机、装卸机、运输机械的租赁公司完成施工，合同约定，租赁费为 300 万元，另外加计租赁营业税税

金 15.8 万元，合同总价 315.8 万元。

【分析】

在合同履行过程中，公司聘请的税务师事务所提出，将租赁合同改为“土方工程分包合同”，建筑公司可以节省营业税。

（1）租赁公司的营业范围增加“建筑工程施工”内容，并取得“建筑工程施工资质”。

（2）建筑公司与具有施工资质的租赁公司签订《土方工程分包合同》，合同约定不含税的土方工程价值 300 万元。

（3）建筑公司按照“建筑工程费用计算程序”，支付土方工程营业税额＝300 万元×3％÷（1－3％）＝9.3（万元）

（4）建筑公司节省租赁业与建筑业营业税的差额＝15.8－9.3＝6.5（万元）

实战训练

一、单项选择题

1. 纳税人营业额没有超过起征点的收入，（　　）。

A. 免予征收营业税　　B. 征收 50％的营业税

C. 征收 30％的营业税　　D. 征收 10％的营业税

2. 营业税的免税、减税项目由（　　）规定。

A. 国务院　　B. 财政部

C. 发改委　　D. 地方政府

3．保险公司开展的（　　）年期以上返还性人保费收入免征营业税。

A. 1　　B. 2

C. 3　　D. 5

4. 自（　　）起，对军队空余房产租赁收入暂免征收营业税、房产税；此前已征税款不予退还，未征税款不再补征。

A. 2004 年 8 月 1 日　　B. 2005 年 8 月 1 日

C. 2006 年 8 月 1 日　　D. 2007 年 8 月 1 日

二、多项选择题

1. 现行的营业税条例对以下项目免征营业税：（　　）。

A. 托儿所、幼儿园、养老院、残疾人福利机构提供的育养服务，婚姻介绍，殡葬服务

B. 残疾人员个人提供的劳务

C. 医院、诊所和其他医疗机构提供的医疗服务

D. 学校和其他教育机构提供的教育劳务，学生勤工俭学提供的劳务

2. 下列关于个人住房转让的营业税政策的说法，正确的是（　　）。

A. 个人将购买不足5年的住房对外销售的，全额征收营业税

B. 个人将购买超过5年(含5年)的非普通住房对外销售的，按照其销售收入减去购买房屋的价款后的差额征收营业税

C. 个人将购买超过5年(含5年)的普通住房对外销售的，免征营业税

D.《财政部、国家税务总局关于调整个人住房转让营业税政策的通知》(财税[2009]157号)已废止

三、判断题

1. 营业税起征点是指纳税人营业额合计达到起征点。（　　）

2. 将土地使用权转让给农业生产者用于农业生产，免征营业税。（　　）

3. 对金融机构出纳长款收入，不征收营业税。（　　）

4. 保险业务取得的追偿款不征收营业税。所称追偿款，是指发生保险事故后，保险公司按照保险合同的约定向被保险人支付赔款，并从被保险人处取得对保险标的价款进行追偿的权利而追回的价款。（　　）

四、计算题

1. D企业是一家大型的运输设备租赁公司，有各种车型可供租赁。E企业是与D企业在同一个地区的旅游服务机构，由于业务的需要，经常向D企业租赁其中型旅游客车，用来接送游客，随团游览。本月，E企业又向D企业租赁该种旅游客车10辆，租期为两个星期，每辆车每星期租赁费用为3 000元，全部租赁费用应为60 000元，则D企业应纳税情况如下：

应纳服务业营业税额＝60 000×5%＝3 000(元)

如何进行纳税筹划？

2. 海达超市为增值税一般纳税人，适用增值税税率为17%。海达超市2010年度与货物供应商签订合同，约定货物供应商2010年度向超市缴纳进场费合计700万元。按《关于商业企业向货物供应方收取的部分费用征收流转税问题的通知》(国税发(2004)136号)的规定，商业企业向货物供应方收取的部分收入，主要看其与商品销售量、销售额有无必然联系。有直接联系的，视为平销返利，冲减当期增值税进项税金；无必然联系且提供了一定劳务的，不应该视为平销返利，按营业税的适用税率征收

营业税。按此规定，海达超市收取的进场费收入应视为平销返利，冲减当期增值税进项税金，2010 年度因此承担的流转税及附加分别为：

应纳增值税额＝700÷1.17×17%＝101.71(万元)

应纳城市维护建设税额＝101.71×7%＝7.12(万元)

应纳教育费附加＝101.71×3%＝3.05(万元)

税负合计＝101.71＋7.12＋3.05＝111.88(万元)

如何进行纳税筹划?

3. 某内资企业准备与某外国企业联合投资设立中外合资企业，投资总额为 5 000 万元，注册资本为 3 000 万元，中方 1 200 万元，占 40%，外方 1 800 元，占 60%。中方准备以自己使用过的机器设备 1 200 万元和房屋建筑 1 200 万元投入，投入方式有以下两种。

方案一：以机器设备作价 1 200 万元作为注册资本投入，房屋、建筑物作价 1 200 万元作为其他投入。

方案二：以房屋、建筑物作价 1 200 万元作为注册资本投入，机器设备作价 1 200 万元作为其他投入。

如何进行纳税筹划?

4. 某运输公司 2010 年 8 月份发生下列业务：

(1) 取得客运收入 299 700 元，替保险公司代收保险费 300 元，付给境外运输企业运费 250 000 元；

(2) 取得货运收入 300 000 元，其中支付给其他联运单位运费 100 000元。

如何进行纳税筹划?

5. 某旅行社 2010 年 7 月份组织团体旅游，收取旅游费共计 30 万元，其中组团境内旅游收入 14 万元，替旅游者支付给其他单位餐费、住宿费、交通费、门票共计 6 万元；组团境外旅游收入 16 万元，支付给境外接团企业费用 12 万元。

如何进行纳税筹划?

6. 满意超市配送中心需要逐单向地税局申请代开货运发票，但是操作成本很高。如果不逐笔办理申请代开，地税局电脑系统无法按“交通运输业”3%的低税率申报缴纳，只能挤入“其他业务收入”缴纳 5%的营业税。对于超市配送中心来说，税负太重，则满意超市配送中心应如何筹划呢?

7. 2010 年 8 月，强盛机械股份有限公司为进行技术改造，需要更新一条自动化生产流水线，而该市的腾达融资公司(经人民银行批准经营融资租赁业务)可以提供强盛公司所需要的生产线。根据强盛公司的具体要求,腾达融资公司的设备来源可以从以下两个方面考虑。

(1) 从国外进口。该生产线的价值为1 200万元,境内外运输和保险费、安装调试费及税金总共300万元,与该生产线有关的境外借款利息为30万元。

(2) 从国内购买。同类生产线价格为1 228.5万元(含增值税),境内运输费和安装调试费为30万元,国内借款利息为22.5万元。

腾达融资公司也可以采用以下两种方式租赁。

(1) 融资租赁。与强盛公司签订融资租赁合同,明确融资租赁价款为1 800万元,租赁期为8年,强盛公司每年年初支付租金225万元,合同期满付清租金后,该生产线自动转让给强盛公司,转让价款为15万元(残值)。

(2) 经营租赁。与强盛公司签订经营租赁合同,租期8年,租金总额1 530万元,强盛公司每年年初支付租金191.25万元,租赁期满,腾达融资公司收回设备。假定收回设备的可变现净值为300万元。

如何进行纳税筹划?

附　录

附录 A　中华人民共和国营业税暂行条例

（2008 年 11 月 5 日国务院第 34 次常务会议修订通过，
中华人民共和国国务院令第 540 号）

第一条　在中华人民共和国境内提供本条例规定的劳务、转让无形资产或者销售不动产的单位和个人，为营业税的纳税人，应当依照本条例缴纳营业税。

第二条　营业税的税目、税率，依照本条例所附的《营业税税目税率表》执行。

税目、税率的调整，由国务院决定。

纳税人经营娱乐业具体适用的税率，由省、自治区、直辖市人民政府在本条例规定的幅度内决定。

第三条　纳税人兼有不同税目的应当缴纳营业税的劳务（以下简称应税劳务）、转让无形资产或者销售不动产，应当分别核算不同税目的营业额、转让额、销售额（以下统称营业额）；未分别核算营业额的，从高适用税率。

第四条　纳税人提供应税劳务、转让无形资产或者销售不动产，按照营业额和规定的税率计算应纳税额。应纳税额计算公式：

应纳税额＝营业额×税率

营业额以人民币计算。纳税人以人民币以外的货币结算营业额的，应当折合成人民币计算。

第五条　纳税人的营业额为纳税人提供应税劳务、转让无形资产或者销售不动产收取的全部价款和价外费用。但是，下列情形除外：

（一）纳税人将承揽的运输业务分给其他单位或者个人的，以其取得的全部价款和价外费用扣除其支付给其他单位或者个人的运输费用后的余额为营业额；

（二）纳税人从事旅游业务的，以其取得的全部价款和价外费用扣除替旅游者支付给其他单位或者个人的住宿费、餐费、交通费、旅游景点门票和支付给其他接团旅游企业的旅游费后的余额为营业额；

（三）纳税人将建筑工程分包给其他单位的，以其取得的全部价款和价外费用扣除其支付给其他单位的分包款后的余额为营业额；

（四）外汇、有价证券、期货等金融商品买卖业务，以卖出价减去买入价后的余额为营业额；

（五）国务院财政、税务主管部门规定的其他情形。

第六条 纳税人按照本条例第五条规定扣除有关项目，取得的凭证不符合法律、行政法规或者国务院税务主管部门有关规定的，该项目金额不得扣除。

第七条 纳税人提供应税劳务、转让无形资产或者销售不动产的价格明显偏低并无正当理由的，由主管税务机关核定其营业额。

第八条 下列项目免征营业税：

（一）托儿所、幼儿园、养老院、残疾人福利机构提供的育养服务，婚姻介绍，殡葬服务；

（二）残疾人员个人提供的劳务；

（三）医院、诊所和其他医疗机构提供的医疗服务；

（四）学校和其他教育机构提供的教育劳务，学生勤工俭学提供的劳务；

（五）农业机耕、排灌、病虫害防治、植物保护、农牧保险以及相关技术培训业务，家禽、牲畜、水生动物的配种和疾病防治；

（六）纪念馆、博物馆、文化馆、文物保护单位管理机构、美术馆、展览馆、书画院、图书馆举办文化活动的门票收入，宗教场所举办文化、宗教活动的门票收入；

（七）境内保险机构为出口货物提供的保险产品。

除前款规定外，营业税的免税、减税项目由国务院规定。任何地区、部门均不得规定免税、减税项目。

第九条 纳税人兼营免税、减税项目的，应当分别核算免税、减税项目的营业额；未分别核算营业额的，不得免税、减税。

第十条 纳税人营业额未达到国务院财政、税务主管部门规定的营业税起征点的，免征营业税；达到起征点的，依照本条例规定全额计算缴纳营业税。

第十一条 营业税扣缴义务人：

（一）中华人民共和国境外的单位或者个人在境内提供应税劳务、转让无形资产或者销售不动产，在境内未设有经营机构的，以其境内代理人为扣缴义务人；在境内没有代理人的，以受让方或者购买方为扣缴义务人。

（二）国务院财政、税务主管部门规定的其他扣缴义务人。

第十二条　营业税纳税义务发生时间为纳税人提供应税劳务、转让无形资产或者销售不动产并收讫营业收入款项或者取得索取营业收入款项凭据的当天。国务院财政、税务主管部门另有规定的，从其规定。

营业税扣缴义务发生时间为纳税人营业税纳税义务发生的当天。

第十三条　营业税由税务机关征收。

第十四条　营业税纳税地点：

（一）纳税人提供应税劳务应当向其机构所在地或者居住地的主管税务机关申报纳税。但是，纳税人提供的建筑业劳务以及国务院财政、税务主管部门规定的其他应税劳务，应当向应税劳务发生地的主管税务机关申报纳税。

（二）纳税人转让无形资产应当向其机构所在地或者居住地的主管税务机关申报纳税。但是，纳税人转让、出租土地使用权，应当向土地所在地的主管税务机关申报纳税。

（三）纳税人销售、出租不动产应当向不动产所在地的主管税务机关申报纳税。

扣缴义务人应当向其机构所在地或者居住地的主管税务机关申报缴纳其扣缴的税款。

第十五条　营业税的纳税期限分别为 5 日、10 日、15 日、1 个月或者 1 个季度。纳税人的具体纳税期限，由主管税务机关根据纳税人应纳税额的大小分别核定；不能按照固定期限纳税的，可以按次纳税。

纳税人以 1 个月或者 1 个季度为一个纳税期的，自期满之日起 15 日内申报纳税；以 5 日、10 日或者 15 日为一个纳税期的，自期满之日起 5 日内预缴税款，于次月 1 日起 15 日内申报纳税并结清上月应纳税款。

扣缴义务人解缴税款的期限，依照前两款的规定执行。

第十六条　营业税的征收管理，依照《中华人民共和国税收征收管理法》及本条例有关规定执行。

第十七条　本条例自 2009 年 1 月 1 日起施行。

附录B 中华人民共和国营业税暂行条例实施细则

（中华人民共和国财政部、国家税务总局令第52号）

第一条 根据《中华人民共和国营业税暂行条例》（以下简称条例），制定本细则。

第二条 条例第一条所称条例规定的劳务是指属于交通运输业、建筑业、金融保险业、邮电通信业、文化体育业、娱乐业、服务业税目征收范围的劳务（以下称应税劳务）。

加工和修理、修配，不属于条例规定的劳务（以下称非应税劳务）。

第三条 条例第一条所称提供条例规定的劳务、转让无形资产或者销售不动产，是指有偿提供条例规定的劳务、有偿转让无形资产或者有偿转让不动产所有权的行为（以下称应税行为）。但单位或者个体工商户聘用的员工为本单位或者雇主提供条例规定的劳务，不包括在内。

前款所称有偿，是指取得货币、货物或者其他经济利益。

第四条 条例第一条所称在中华人民共和国境内（以下简称境内）提供条例规定的劳务、转让无形资产或者销售不动产，是指：

（一）提供或者接受条例规定劳务的单位或者个人在境内；

（二）所转让的无形资产（不含土地使用权）的接受单位或者个人在境内；

（三）所转让或者出租土地使用权的土地在境内；

（四）所销售或者出租的不动产在境内。

第五条 纳税人有下列情形之一的，视同发生应税行为：

（一）单位或者个人将不动产或者土地使用权无偿赠送其他单位或者个人；

（二）单位或者个人自己新建（以下简称自建）建筑物后销售，其所发生的自建行为；

（三）财政部、国家税务总局规定的其他情形。

第六条 一项销售行为如果既涉及应税劳务又涉及货物，为混合销售行为。除本细则第七条的规定外，从事货物的生产、批发或者零售的企业、企业性单位和个体工商户的混合销售行为，视为销售货物，不缴纳营业税；其他单位和个人的混合销售行为，视为提供应税劳务，缴纳营业税。

第一款所称货物，是指有形动产，包括电力、热力、气体在内。

第一款所称从事货物的生产、批发或者零售的企业、企业性单位和个体工商户，包括以从事货物的生产、批发或者零售为主，并兼营应税劳务的企业、企业性单位和个体工商户在内。

第七条　纳税人的下列混合销售行为，应当分别核算应税劳务的营业额和货物的销售额，其应税劳务的营业额缴纳营业税，货物销售额不缴纳营业税；未分别核算的，由主管税务机关核定其应税劳务的营业额：

（一）提供建筑业劳务的同时销售自产货物的行为；

（二）财政部、国家税务总局规定的其他情形。

第八条　纳税人兼营应税行为和货物或者非应税劳务的，应当分别核算应税行为的营业额和货物或者非应税劳务的销售额，其应税行为营业额缴纳营业税，货物或者非应税劳务销售额不缴纳营业税；未分别核算的，由主管税务机关核定其应税行为营业额。

第九条　条例第一条所称单位，是指企业、行政单位、事业单位、军事单位、社会团体及其他单位。

条例第一条所称个人，是指个体工商户和其他个人。

第十条　除本细则第十一条和第十二条的规定外，负有营业税纳税义务的单位为发生应税行为并收取货币、货物或者其他经济利益的单位，但不包括单位依法不需要办理税务登记的内设机构。

第十一条　单位以承包、承租、挂靠方式经营的，承包人、承租人、挂靠人（以下统称承包人）发生应税行为，承包人以发包人、出租人、被挂靠人（以下统称发包人）名义对外经营并由发包人承担相关法律责任的，以发包人为纳税人；否则以承包人为纳税人。

第十二条　中央铁路运营业务的纳税人为铁道部，合资铁路运营业务的纳税人为合资铁路公司，地方铁路运营业务的纳税人为地方铁路管理机构，基建临管线运营业务的纳税人为基建临管线管理机构。

第十三条　条例第五条所称价外费用，包括收取的手续费、补贴、基金、集资费、返还利润、奖励费、违约金、滞纳金、延期付款利息、赔偿金、代收款项、代垫款项、罚息及其他各种性质的价外收费，但不包括同时符合以下条件代为收取的政府性基金或者行政事业性收费：

（一）由国务院或者财政部批准设立的政府性基金，由国务院或者省级人民政府及其财政、价格主管部门批准设立的行政事业性收费；

（二）收取时开具省级以上财政部门印制的财政票据；

（三）所收款项全额上缴财政。

第十四条　纳税人的营业额计算缴纳营业税后因发生退款减除营业

额的,应当退还已缴纳营业税税款或者从纳税人以后的应缴纳营业税税额中减除。

第十五条 纳税人发生应税行为,如果将价款与折扣额在同一张发票上注明的,以折扣后的价款为营业额;如果将折扣额另开发票的,不论其在财务上如何处理,均不得从营业额中扣除。

第十六条 除本细则第七条规定外,纳税人提供建筑业劳务(不含装饰劳务)的,其营业额应当包括工程所用原材料、设备及其他物资和动力价款在内,但不包括建设方提供的设备的价款。

第十七条 娱乐业的营业额为经营娱乐业收取的全部价款和价外费用,包括门票收费、台位费、点歌费、烟酒、饮料、茶水、鲜花、小吃等收费及经营娱乐业的其他各项收费。

第十八条 条例第五条第(四)项所称外汇、有价证券、期货等金融商品买卖业务,是指纳税人从事的外汇、有价证券、非货物期货和其他金融商品买卖业务。

货物期货不缴纳营业税。

第十九条 条例第六条所称符合国务院税务主管部门有关规定的凭证(以下统称合法有效凭证),是指:

(一)支付给境内单位或者个人的款项,且该单位或者个人发生的行为属于营业税或者增值税征收范围的,以该单位或者个人开具的发票为合法有效凭证;

(二)支付的行政事业性收费或者政府性基金,以开具的财政票据为合法有效凭证;

(三)支付给境外单位或者个人的款项,以该单位或者个人的签收单据为合法有效凭证,税务机关对签收单据有疑义的,可以要求其提供境外公证机构的确认证明;

(四)国家税务总局规定的其他合法有效凭证。

第二十条 纳税人有条例第七条所称价格明显偏低并无正当理由或者本细则第五条所列视同发生应税行为而无营业额的,按下列顺序确定其营业额:

(一)按纳税人最近时期发生同类应税行为的平均价格核定;

(二)按其他纳税人最近时期发生同类应税行为的平均价格核定;

(三)按下列公式核定:

营业额=营业成本或者工程成本×(1+成本利润率)÷(1-营业税税率)

公式中的成本利润率,由省、自治区、直辖市税务局确定。

第二十一条　纳税人以人民币以外的货币结算营业额的，其营业额的人民币折合率可以选择营业额发生的当天或者当月1日的人民币汇率中间价。纳税人应当在事先确定采用何种折合率，确定后1年内不得变更。

第二十二条　条例第八条规定的部分免税项目的范围，限定如下：

（一）第一款第（二）项所称残疾人员个人提供的劳务，是指残疾人员本人为社会提供的劳务。

（二）第一款第（四）项所称学校和其他教育机构，是指普通学校以及经地、市级以上人民政府或者同级政府的教育行政部门批准成立、国家承认其学员学历的各类学校。

（三）第一款第（五）项所称农业机耕，是指在农业、林业、牧业中使用农业机械进行耕作（包括耕耘、种植、收割、脱粒、植物保护等）的业务；排灌，是指对农田进行灌溉或排涝的业务；病虫害防治，是指从事农业、林业、牧业、渔业的病虫害测报和防治的业务；农牧保险，是指为种植业、养殖业、牧业种植和饲养的动植物提供保险的业务；相关技术培训，是指与农业机耕、排灌、病虫害防治、植物保护业务相关以及为使农民获得农牧保险知识的技术培训业务；家禽、牲畜、水生动物的配种和疾病防治业务的免税范围，包括与该项劳务有关的提供药品和医疗用具的业务。

（四）第一款第（六）项所称纪念馆、博物馆、文化馆、文物保护单位管理机构、美术馆、展览馆、书画院、图书馆举办文化活动，是指这些单位在自己的场所举办的属于文化体育业税目征税范围的文化活动。其门票收入，是指销售第一道门票的收入。宗教场所举办文化、宗教活动的门票收入，是指寺院、宫观、清真寺和教堂举办文化、宗教活动销售门票的收入。

（五）第一款第（七）项所称为出口货物提供的保险产品，包括出口货物保险和出口信用保险。

第二十三条　条例第十条所称营业税起征点，是指纳税人营业额合计达到起征点。

营业税起征点的适用范围限于个人。

营业税起征点的幅度规定如下：

（一）按期纳税的，为月营业额5 000～20 000元；

（二）按次纳税的，为每次（日）营业额300～500元。

省、自治区、直辖市财政厅（局）、税务局应当在规定的幅度内，根据实际情况确定本地区适用的起征点，并报财政部、国家税务总局备案。

第二十四条　条例第十二条所称收讫营业收入款项，是指纳税人应税行为发生过程中或者完成后收取的款项。

条例第十二条所称取得索取营业收入款项凭据的当天，为书面合同确定的付款日期的当天；未签订书面合同或者书面合同未确定付款日期的，为应税行为完成的当天。

第二十五条 纳税人转让土地使用权或者销售不动产，采取预收款方式的，其纳税义务发生时间为收到预收款的当天。

纳税人提供建筑业或者租赁业劳务，采取预收款方式的，其纳税义务发生时间为收到预收款的当天。

纳税人发生本细则第五条所称将不动产或者土地使用权无偿赠送其他单位或者个人的，其纳税义务发生时间为不动产所有权、土地使用权转移的当天。

纳税人发生本细则第五条所称自建行为的，其纳税义务发生时间为销售自建建筑物的纳税义务发生时间。

第二十六条 按照条例第十四条规定，纳税人应当向应税劳务发生地、土地或者不动产所在地的主管税务机关申报纳税而自应当申报纳税之月起超过 6 个月没有申报纳税的，由其机构所在地或者居住地的主管税务机关补征税款。

第二十七条 银行、财务公司、信托投资公司、信用社、外国企业常驻代表机构的纳税期限为 1 个季度。

第二十八条 本细则自 2009 年 1 月 1 日起施行。

附录C　新旧条例比较与分析

《中华人民共和国营业税暂行条例》已经于2008年11月5日国务院第34次常务会议修订通过，于2009年1月1日起施行。

1. 新旧《营业税暂行条例》的比较与分析(见表1)。

表1　新旧《营业税暂行条例》的分析与比较

旧条例	新条例	分析
第一条　在中华人民共和国境内提供本条例规定的劳务(以下简称应税劳务)、转让无形资产或者销售不动产的单位和个人，为营业税的纳税义务人(以下简称纳税人)，应当依照本条例缴纳营业税。	第一条　在中华人民共和国境内提供本条例规定的劳务、转让无形资产或者销售不动产的单位和个人，为营业税的纳税人，应当依照本条例缴纳营业税。	
第二条　营业税的税目、税率，依照本条例所附的《营业税税目税率表》执行。 税目、税率的调整，由国务院决定。 纳税人经营娱乐业具体适用的税率，由省、自治区、直辖市人民政府在本条例规定的幅度内决定。	第二条　营业税的税目、税率，依照本条例所附的《营业税税目税率表》执行。 税目、税率的调整，由国务院决定。 纳税人经营娱乐业具体适用的税率，由省、自治区、直辖市人民政府在本条例规定的幅度内决定。	这三条偶有表述不同，但无本质变化
第三条　纳税人兼有不同税目应税行为的，应当分别核算不同税目的营业额、转让额、销售额(以下简称营业额)；未分别核算营业额的，从高适用税率。	第三条　纳税人兼有不同税目的应当缴纳营业税的劳务(以下简称应税劳务)、转让无形资产或者销售不动产，应当分别核算不同税目的营业额、转让额、销售额(以下统称营业额)；未分别核算营业额的，从高适用税率。	

续表

旧条例	新条例	分析
第四条 纳税人提供应税劳务、转让无形资产或者销售不动产，按照营业额和规定的税率计算应纳税额。应纳税额计算公式：应纳税额＝营业额×税率。 应纳税额以人民币计算。纳税人以外汇结算营业额的，应当按外汇市场价格折合成人民币计算。	第四条 纳税人提供应税劳务、转让无形资产或者销售不动产，按照营业额和规定的税率计算应纳税额。应纳税额计算公式：应纳税额＝营业额×税率。 营业额以人民币计算。纳税人以人民币以外的货币结算营业额的，应当折合成人民币计算。	原条例规定纳税人以外汇结算营业额的，应按“市场价格”折算，新条例取消了这个规定。
第五条 纳税人的营业额为纳税人提供应税劳务、转让无形资产或者销售不动产向对方收取的全部价款和价外费用。但是，下列情形除外： （一）运输企业自中华人民共和国境内运输旅客或者货物出境，在境外改由其他运输企业承运乘客或者货物的，以全程运费减去付给该承运企业的运费后的余额为营业额。 （二）旅游企业组织旅游团到中华人民共和国境外旅游，在境外改由其他旅游企业接团的，以全程旅游费减去付给该接团企业的旅游费后的余额为营业额。 （三）建筑业的总承包人将工程分包或者转包给他人的，以工程的全部承包额减去付给分包人或者转包人的价款后的余额为营业额。	第五条 纳税人的营业额为纳税人提供应税劳务、转让无形资产或者销售不动产收取的全部价款和价外费用。但是，下列情形除外： （一）纳税人将承揽的运输业务分给其他单位或者个人的，以其取得的全部价款和价外费用扣除其支付给其他单位或者个人的运输费用后的余额为营业额； （二）纳税人从事旅游业务的，以其取得的全部价款和价外费用扣除替旅游者支付给其他单位或者个人的住宿费、餐费、交通费、旅游景点门票和支付给其他接团旅游企业的旅游费后的余额为营业额； （三）纳税人将建筑工程分包给其他单位的，以其取得的全部价款和价外费用扣除其支付给其他单位的分包款后的余额为营业额；	① 关于差额征收营业税的项目，由原来的六项调整为五项。将“（四）转贷业务，以贷款利息减去借款利息后的余额为营业额”项目删除了。这一规定在实际执行中仅适用于外汇转贷业务，造成外汇转贷与人民币转贷之间的政策不平衡。现在删除了这一规定，这样，转贷业务结束了按照差额征收营业税的历史，从2009年1月1日开始转贷业务应按全额征收营业税了。 ② 新条例将“境内运输旅客或者货物出境”业务的差额计税方法扩展到所有的运输业务范围。 ③ 新条例将“旅游企业组织旅游团到中华人民共和国境外旅游”业务的差额计税方法扩展到所有的运输业务范围。 ④ 新条例在建筑工程的总包人分包或转包业务的计税方法上没有

续表

旧条例	新条例	分析
（四）转贷业务，以贷款利息减去借款利息后的余额为营业额。 （五）外汇、有价证券、期货买卖业务，以卖出价减去买入价后的余额为营业额。 （六）财政部规定的其他情形。	（四）外汇、有价证券、期货等金融商品买卖业务，以卖出价减去买入价后的余额为营业额； （五）国务院财政、税务主管部门规定的其他情形。	变化，唯一的变化是将原来条例的“将工程分包或者转包给他人的”改为“将工程分包给其他单位的”。 ⑤ 营业额的特殊规定，新条例将原来的单一“财政部规定”改为“国务院财政、税务主管部门规定”。
第六条　下列项目免征营业税： （一）托儿所、幼儿园、养老院、残疾人福利机构提供的育养服务，婚姻介绍，殡葬服务； （二）残疾人员个人提供的劳务； （三）医院、诊所和其他医疗机构提供的医疗服务； （四）学校和其他教育机构提供的教育劳务，学生勤工俭学提供的劳务； （五）农业机耕、排灌、病虫害防治、植保、农牧保险以及相关技术培训业务，家禽、牲畜、水生动物的配种和疾病防治； （六）纪念馆、博物馆、文化馆、美术馆、展览馆、书画院、图书馆、文物保护单位举办文化活动的门票收入，宗教场所举办文化、宗教活动的门票收入。 除前款规定外，营业税的免税、减税项目由国务院规定。任何地区、部门均不得规定免税、减税项目。	第八条　下列项目免征营业税： （一）托儿所、幼儿园、养老院、残疾人福利机构提供的育养服务，婚姻介绍，殡葬服务； （二）残疾人员个人提供的劳务； （三）医院、诊所和其他医疗机构提供的医疗服务； （四）学校和其他教育机构提供的教育劳务，学生勤工俭学提供的劳务； （五）农业机耕、排灌、病虫害防治、植物保护、农牧保险以及相关技术培训业务，家禽、牲畜、水生动物的配种和疾病防治； （六）纪念馆、博物馆、文化馆、文物保护单位管理机构、美术馆、展览馆、书画院、图书馆举办文化活动的门票收入，宗教场所举办文化、宗教活动的门票收入； （七）境内保险机构为出口货物提供的保险产品。 除前款规定外，营业税的免税、减税项目由国务院规定。任何地区、部门均不得规定免税、减税项目。	新条例第八条中关于免征营业税的项目，由原来的六项调增至现行的七项，增加了“（七）境内保险机构为出口货物提供的保险产品”项目。该规定已在《关于对中国出口信用保险公司办理的出口信用保险业务不征收营业税的通知》（财税[2002]157号）中明确，此次上升为条例。这一规定明确了境内保险机构（企业）为出口货物提供的保险产品不需要缴纳营业税，对境内保险机构的发展以及促进对外贸易具有积极意义。

续表

旧条例	新条例	分析
第七条　纳税人兼营免税、减税项目的，应当单独核算免税、减税项目的营业额；未单独核算营业额的，不得免税、减税。	第九条　纳税人兼营免税、减税项目的，应当分别核算免税、减税项目的营业额；未分别核算营业额的，不得免税、减税。	新旧条例比较，新条例将原来的“单独核算”改为“分别核算”，即在实际中当纳税人有多种应税行为时，要注意将不同应税行为的营业额分别核算记账。如果不分别设立明细账、分别核算营业额、分别计算税额，将从高适用税率。但此条并无实质变化。
第八条　纳税人营业额未达到财政部规定的营业税起征点的，免征营业税。	第十条　纳税人营业额未达到国务院财政、税务主管部门规定的营业税起征点的，免征营业税；达到起征点的，依照本条例规定全额计算缴纳营业税。	新条例继续对营业额在起征点以下的纳税人免征营业税，同时，明确了达到起征点的，应该按规定计算营业税。
第九条　营业税的纳税义务发生时间，为纳税人收讫营业收入款项或者取得索取营业收入款项凭据的当天。	第十二条　营业税纳税义务发生时间为纳税人提供应税劳务、转让无形资产或者销售不动产并收讫营业收入款项或者取得索取营业收入款项凭据的当天。国务院财政、税务主管部门另有规定的，从其规定。 营业税扣缴义务发生时间为纳税人营业税纳税义务发生的当天。	旧条例没有强调“营业税劳务的提供、无形资产转让销售不动产”这个条件，新条例增加了；同时，新条例增加了扣缴义务发生时间的规定。再者，增加了“国务院财政、税务主管部门另有规定的，从其规定”的语句，为其他例外情形预留立法余地。
第十条　营业税由税务机关征收。	第十三条　营业税由税务机关征收。	新旧对比无变化。

续表

旧条例	新条例	分析
第十一条 营业税扣缴义务人： （一）委托金融机构发放贷款的，以受托发放贷款的金融机构为扣缴义务人。 （二）建筑安装业务实行分包或者转包的，以总承包人为扣缴义务人。 （三）财政部规定的其他扣缴义务人。	第十一条 营业税扣缴义务人： （一）中华人民共和国境外的单位或者个人在境内提供应税劳务、转让无形资产或者销售不动产，在境内未设有经营机构的，以其境内代理人为扣缴义务人；在境内没有代理人的，以受让方或者购买方为扣缴义务人。 （二）国务院财政、税务主管部门规定的其他扣缴义务人。	新条例关于营业税扣缴义务人的规定，改变了旧条例的列举式的做法，使其表述更加严谨、规范。 新条例第十一条关于营业税扣缴义务人的规定，虽然只有两款（旧条例是三款），但是其内涵更加丰富。不仅增加了“境外的单位或者个人在境内提供应税劳务、转让无形资产或者销售不动产，在境内未设有经营机构的，以其境内代理人为扣缴义务人；在境内没有代理人的，以受让方或者购买方为扣缴义务人”的规定，而且还有了兜底条款“国务院财政、税务主管部门规定的其他扣缴义务人”。删除了旧条例第十一条第一项“委托金融机构发放贷款，以受托发放贷款的金融机构为扣缴义务人”和第二项“建筑安装业务实行分包或者转包的，以总承包人为扣缴义务人”的规定。 这意味着从 2009 年 1月 1 日起，受托发放贷款的金融机构和建筑安装业的总承包人不再具有法定扣缴义务。

续表

旧条例	新条例	分析
第十二条　营业税纳税地点： （一）纳税人提供应税劳务，应当向应税劳务发生地主管税务机关申报纳税。纳税人从事运输业务，应当向其机构所在地主管税务机关申报纳税。 （二）纳税人转让土地使用权，应当向土地所在地主管税务机关申报纳税。纳税人转让其他无形资产，应当向其机构所在地主管税务机关申报纳税。 （三）纳税人销售不动产，应当向不动产所在地主管税务机关申报纳税。	第十四条　营业税纳税地点： （一）纳税人提供应税劳务应当向其机构所在地或者居住地的主管税务机关申报纳税。但是，纳税人提供的建筑业劳务以及国务院财政、税务主管部门规定的其他应税劳务，应当向应税劳务发生地的主管税务机关申报纳税。 （二）纳税人转让无形资产应当向其机构所在地或者居住地的主管税务机关申报纳税。但是，纳税人转让、出租土地使用权，应当向土地所在地的主管税务机关申报纳税。 （三）纳税人销售、出租不动产应当向不动产所在地的主管税务机关申报纳税。 （四）扣缴义务人应当向其机构所在地或者居住地的主管税务机关申报缴纳其扣缴的税款。	新旧条例比较，纳税地点有较大变化： ① 提供应税劳务，旧条例强调在劳务发生地，新条例明确为“向其机构所在地或者居住地”。这一规定是为了解决在实际执行中一些应税劳务的发生地难以确定的问题，考虑到大多数应税劳务的发生地与机构所在地是一致的，而且有些应税劳务的纳税地点现行政策已经规定为机构所在地，将营业税纳税人提供应税劳务的纳税地点由按劳务发生地原则确定调整为按机构所在地或者居住地原则确定。 ② 新增加特殊规定：纳税人提供的建筑业劳务以及国务院财政、税务主管部门规定的其他应税劳务，应当向应税劳务发生地的主管税务机关申报纳税。 ③ 转让土地和不动产方面，新旧条例没有实质变化。 ④ 新增“纳税人出租土地使用权、不动产”的纳税地点规定。该规定早在《财政部、国家税务总局关于营业税若干政策问题的通知》（财税[2003]16 号）中明确，此次写进新条例，将更有利于对以上两种“出租”行为的税收征管。 ⑤ 新增“扣缴义务人应当向其机构所在地或者居住地的主管税务机关申报缴纳其扣缴的税款”的条款。

续表

旧条例	新条例	分析
第十三条　营业税的纳税期限，分别为5日、10日、15日或者1个月。纳税人的具体纳税期限，由主管税务机关根据纳税人应纳税额的大小分别核定；不能按照固定期限纳税的，可以按次纳税。 纳税人以1个月为一期纳税的，自期满之日起10日内申报纳税；以5日、10日或者15日为一期纳税的，自期满之日起5日内预缴税款，于次月1日起10日内申报纳税并结清上月应纳税款。 扣缴义务人的解缴税款期限，比照前两款的规定执行。	第十五条　营业税的纳税期限分别为5日、10日、15日、1个月或者1个季度。纳税人的具体纳税期限，由主管税务机关根据纳税人应纳税额的大小分别核定；不能按照固定期限纳税的，可以按次纳税。 纳税人以1个月或者1个季度为一个纳税期的，自期满之日起15日内申报纳税；以5日、10日或者15日为一个纳税期的，自期满之日起5日内预缴税款，于次月1日起15日内申报纳税并结清上月应纳税款。 扣缴义务人解缴税款的期限，依照前两款的规定执行。	从新旧比较可看出，目前，新条例的纳税期限增加了“1个季度”的规定；新条例关于纳税期限的最大变化是将原来的纳税申报期10日改为15日，延长了申报期。同时，规定了扣缴义务人的解缴税款的期限为“依照前两款规定执行”。它有两方面的意义：其一，与增值税、消费税的申报缴纳一致，便于主管税务机关的管理；其二，给纳税人较为宽松的申报缴纳期限，体现了主管税务机关为纳税人服务的理念。
	第六条　纳税人按照本条例第五条规定扣除有关项目，取得的凭证不符合法律、行政法规或者国务院税务主管部门有关规定的，该项目金额不得扣除。	新条例增加了差额计税的凭证要求，给差额计税提供了实际操作依据。企业取得的扣除凭证只有符合法律、行政法规或者国务院税务主管部门有关规定，才可以按照差额计算营业税。 关于这一点，国家税务总局其实已经有了一些规定，这次把它上升到了条例，提高了这一规定的法律级次。 “财税［2003］16号文”规定：“营业额减除项目支付款项发生在境内的，该减除项目支付款项凭证必须是发票或合法有效凭证；支付给境外的，该减除项目支付款项

续表

旧条例	新条例	分析
		凭证必须是外汇付汇凭证、外方公司的签收单据或出具的公证证明。” “国税函［2005］77号”规定：“《财政部、国家税务总局关于营业税若干政策问题的通知》(财税[2003]16号)第四条规定的合法有效凭证，包括法院判决书、裁定书、调解书以及可由人民法院执行的仲裁裁决书、公证债权文书。”
	第七条　纳税人提供应税劳务、转让无形资产或者销售不动产的价格明显偏低并无正当理由的，由主管税务机关核定其营业额。	这一内容原《增值暂行税条例》与《消费税暂行条例》均有，唯独营业税条例没有，新条例增加了主管税务机构核定营业额条款，便于税务机构在实际执法中针对价格偏低的情形依法进行征管。将其列入条例范畴，不仅提高了该规定的法律级次，而且为实施细则提供了依据。
第十五条　对外商投资企业和外国企业征收营业税，按照全国人民代表大会常务委员会的有关决定执行。		新条例删除了这一规定，意味着新条例适用于包括内资企业、外商投资企业和外国企业的所有营业税的纳税义务人。

2．新旧《营业税暂行条例实施细则》的分析与比较

2008年12月15日，财政部、国家税务总局第52号令公布修订后的《中华人民共和国营业税暂行条例实施细则》(简称《营业税暂行条例实施细则》)，自2009年1月1日起施行。现将新旧细则比较见表2。

表 2　新旧《营业税暂行条例实施细则》比较

旧实施细则	新实施细则
第一条　根据《中华人民共和国营业税暂行条例》(以下简称条例)第十六条的规定制定本细则。	第一条　根据《中华人民共和国营业税暂行条例》(以下简称条例),制定本细则。
第二条　条例第一条所称应税劳务是指属于交通运输业、建筑业、金融保险业、邮电通信业、文化体育业、娱乐业、服务业税目征收范围的劳务。 加工和修理、修配,不属于条例所称应税劳务(以下简称非应税劳务)。	第二条　条例第一条所称条例规定的劳务是指属于交通运输业、建筑业、金融保险业、邮电通信业、文化体育业、娱乐业、服务业税目征收范围的劳务(以下称应税劳务)。 加工和修理、修配,不属于条例规定的劳务(以下称非应税劳务)。
第四条　条例第一条所称提供应税劳务、转让无形资产或销售不动产,是指有偿提供应税劳务、有偿转让无形资产或者有偿转让不动产所有权的行为(以下简称应税行为)。但单位或个体经营者聘用的员工为本单位或雇主提供应税劳务,不包括在内。 前款所称有偿,包括取得货币、货物或其他经济利益。	第三条　条例第一条所称提供条例规定的劳务、转让无形资产或者销售不动产,是指有偿提供条例规定的劳务、有偿转让无形资产或者有偿转让不动产所有权的行为(以下称应税行为)。但单位或者个体工商户聘用的员工为本单位或者雇主提供条例规定的劳务,不包括在内。 前款所称有偿,是指取得货币、货物或者其他经济利益。
第七条　除本细则第八条另有规定外,有下列情形之一者,为条例第一条所称在中华人民共和国境内(以下简称境内)提供应税劳务、转让无形资产或销售不动产: (一)所提供的劳务发生在境内; (二)在境内载运旅客或货物出境; (三)在境内组织旅客出境旅游; (四)所转让的无形资产在境内使用; (五)所销售的不动产在境内。 第八条　有下列情形之一者,为在境内提供保险劳务: (一)境内保险机构提供的保险劳务,但境内保险机构为出口货物提供保险除外; (二)境外保险机构以在境内的物品为标的提供的保险劳务。	第四条　条例第一条所称在中华人民共和国境内(以下简称境内)提供条例规定的劳务、转让无形资产或者销售不动产,是指: (一)提供或者接受条例规定劳务的单位或者个人在境内; (二)所转让的无形资产(不含土地使用权)的接受单位或者个人在境内; (三)所转让或者出租土地使用权的土地在境内; (四)所销售或者出租的不动产在境内。

续表

旧实施细则	新实施细则
第四条　单位或个人自己新建(以下简称自建)建筑物后销售,其自建行为视同提供应税劳务。 转让不动产有限产权或永久使用权,以及单位将不动产无偿赠与他人,视同销售不动产。	第五条　纳税人有下列情形之一的,视同发生应税行为: (一)单位或者个人将不动产或者土地使用权无偿赠送其他单位或者个人; (二)单位或者个人自己新建(以下简称自建)建筑物后销售,其所发生的自建行为; (三)财政部、国家税务总局规定的其他情形。
第五条　一项销售行为如果既涉及应税劳务又涉及货物,为混合销售行为。从事货物的生产、批发或零售的企业、企业性单位及个体经营者的混合销售行为,视为销售货物,不征收营业税;其他单位和个人的混合销售行为,视为提供应税劳务,应当征收营业税。 纳税人的销售行为是否属于混合销售行为,由国家税务总局所属征收机关确定。 第一款所称货物,是指有形动产,包括电力、热力、气体在内。 第一款所称从事货物的生产、批发或零售的企业、企业性单位及个体经营者,包括以从事货物的生产、批发或零售为主,并兼营应税劳务的企业、企业性单位及个体经营者在内。	第六条　一项销售行为如果既涉及应税劳务又涉及货物,为混合销售行为。除本细则第七条的规定外,从事货物的生产、批发或者零售的企业、企业性单位和个体工商户的混合销售行为,视为销售货物,不缴纳营业税;其他单位和个人的混合销售行为,视为提供应税劳务,缴纳营业税。 第一款所称货物,是指有形动产,包括电力、热力、气体在内。 第一款所称从事货物的生产、批发或者零售的企业、企业性单位和个体工商户,包括以从事货物的生产、批发或者零售为主,并兼营应税劳务的企业、企业性单位和个体工商户在内。
	第七条　纳税人的下列混合销售行为,应当分别核算应税劳务的营业额和货物的销售额,其应税劳务的营业额缴纳营业税,货物销售额不缴纳营业税;未分别核算的,由主管税务机关核定其应税劳务的营业额: (一)提供建筑业劳务的同时销售自产货物的行为; (二)财政部、国家税务总局规定的其他情形。

续表

旧实施细则	新实施细则
第六条　纳税人兼营应税劳务与货物或非应税劳务的，应分别核算应税劳务的营业额和货物或者非应税劳务的销售额。不分别核算或者不能准确核算的，其应税劳务与货物或者非应税劳务一并征收增值税，不征收营业税。 纳税人兼营的应税劳务是否应当一并征收增值税，由国家税务总局所属征收机关确定。	第八条　纳税人兼营应税行为和货物或者非应税劳务的，应当分别核算应税行为的营业额和货物或者非应税劳务的销售额，其应税行为营业额缴纳营业税，货物或者非应税劳务销售额不缴纳营业税；未分别核算的，由主管税务机关核定其应税行为营业额。
第九条　条例第一条所称单位，是指国有企业、集体企业、私有企业、股份制企业、其他企业和行政单位、事业单位、军事单位、社会团体及其他单位。 条例第一条所称个人，是指个体工商户及其他有经营行为的个人。	第九条　条例第一条所称单位，是指企业、行政单位、事业单位、军事单位、社会团体及其他单位。 条例第一条所称个人，是指个体工商户和其他个人。
第十一条　除本细则第十二条另有规定外，负有营业税纳税义务的单位为发生应税行为并向对方收取货币、货物或其他经济利益的单位，包括独立核算的单位和不独立核算的单位。	第十条　除本细则第十一条和第十二条的规定外，负有营业税纳税义务的单位为发生应税行为并收取货币、货物或者其他经济利益的单位，但不包括单位依法不需要办理税务登记的内设机构。
第十条　企业租赁或承包给他人经营的，以承租人或承包人为纳税人。	第十一条　单位以承包、承租、挂靠方式经营的，承包人、承租人、挂靠人（以下统称承包人）发生应税行为，承包人以发包人、出租人、被挂靠人（以下统称发包人）名义对外经营并由发包人承担相关法律责任的，以发包人为纳税人；否则以承包人为纳税人。
第十二条　中央铁路运营业务的纳税人为铁道部，合资铁路运营业务的纳税人为合资铁路公司，地方铁路运营业务的纳税人为地方铁路管理机构，基建临管线运营业务的纳税人为基建临管线管理机构。 从事水路运输、航空运输、管道运输或其他陆路运输业务并负有营业税纳税义务的单位，为从事运输业务并计算盈亏的单位。	第十二条　中央铁路运营业务的纳税人为铁道部，合资铁路运营业务的纳税人为合资铁路公司，地方铁路运营业务的纳税人为地方铁路管理机构，基建临管线运营业务的纳税人为基建临管线管理机构。

续表

旧实施细则	新实施细则
第十三条　立法机关、司法机关、行政机关的收费，同时具备下列条件的，不征收营业税： （一）国务院、省级人民政府或其所属财政、物价部门以正式文件允许收费，而且收费标准符合文件规定的； （二）所收费用由立法机关、司法机关、行政机关自己直接收取的。 第十四条　条例第五条所称价外费用，包括向对方收取的手续费、基金、集资费、代收款项、代垫款项及其他各种性质的价外收费。 凡价外费用，无论会计制度规定如何核算，均应并入营业额计算应纳税额。	第十三条　条例第五条所称价外费用，包括收取的手续费、补贴、基金、集资费、返还利润、奖励费、违约金、滞纳金、延期付款利息、赔偿金、代收款项、代垫款项、罚息及其他各种性质的价外收费，但不包括同时符合以下条件代为收取的政府性基金或者行政事业性收费： （一）由国务院或者财政部批准设立的政府性基金，由国务院或者省级人民政府及其财政、价格主管部门批准设立的行政事业性收费； （二）收取时开具省级以上财政部门印制的财政票据； （三）所收款项全额上缴财政。
	第十四条　纳税人的营业额计算缴纳营业税后因发生退款减除营业额的，应当退还已缴纳营业税税款或者从纳税人以后的应缴纳营业税税额中减除。 第十五条　纳税人发生应税行为，如果将价款与折扣额在同一张发票上注明的，以折扣后的价款为营业额；如果将折扣额另开发票的，不论其在财务上如何处理，均不得从营业额中扣除。
第十八条　纳税人从事建筑、修缮、装饰工程作业，无论与对方如何结算，其营业额均应包括工程所用原材料及其他物资和动力的价款在内。 纳税人从事安装工程作业，凡所安装的设备的价值作为安装工程产值的，其营业额应包括设备的价款在内。	第十六条　除本细则第七条规定外，纳税人提供建筑业劳务（不含装饰劳务）的，其营业额应当包括工程所用原材料、设备及其他物资和动力价款在内，但不包括建设方提供的设备的价款。
第二十三条　娱乐业的营业额为经营娱乐业向顾客收取的各项费用，包括门票收费、台位费、点歌费、烟酒和饮料收费及经营娱乐业的其他各项收费。	第十七条　娱乐业的营业额为经营娱乐业收取的全部价款和价外费用，包括门票收费、台位费、点歌费、烟酒、饮料、茶水、鲜花、小吃等收费及经营娱乐业的其他各项收费。

续表

旧实施细则	新实施细则
第三条　条例第五条第(五)项所称外汇、有价证券、期货买卖业务,是指金融机构(包括银行和非银行金融机构)从事的外汇、有价证券、期货买卖业务。 条例第五条第(五)项所称期货,是指非货物期货。货物期货不征收营业税。	第十八条　条例第五条第(四)项所称外汇、有价证券、期货等金融商品买卖业务,是指纳税人从事的外汇、有价证券、非货物期货和其他金融商品买卖业务。货物期货不缴纳营业税。
	第十九条　条例第六条所称符合国务院税务主管部门有关规定的凭证(以下统称合法有效凭证),是指: (一)支付给境内单位或者个人的款项,且该单位或者个人发生的行为属于营业税或者增值税征收范围的,以该单位或者个人开具的发票为合法有效凭证; (二)支付的行政事业性收费或者政府性基金,以开具的财政票据为合法有效凭证; (三)支付给境外单位或者个人的款项,以该单位或者个人的签收单据为合法有效凭证,税务机关对签收单据有疑义的,可以要求其提供境外公证机构的确认证明; (四)国家税务总局规定的其他合法有效凭证。
第十五条　纳税人提供应税劳务、转让无形资产或销售不动产价格明显偏低而无正当理由的,主管税务机关有权按下列顺序核定其营业额: (一)按纳税人当月提供的同类应税劳务、转让无形资产或者销售的同类不动产的平均价格核定。 (二)按纳税人最近时期提供的同类应税劳务、转让无形资产或者销售的同类不动产的平均价格核定。 (三)按下列公式核定计税价格: 计税价格＝营业成本或工程成本×(1＋成本利润率)÷(1－营业税税率)	第二十条　纳税人有条例第七条所称价格明显偏低并无正当理由或者本细则第五条所列视同发生应税行为而无营业额的,按下列顺序确定其营业额: (一)按纳税人最近时期发生同类应税行为的平均价格核定; (二)按其他纳税人最近时期发生同类应税行为的平均价格核定; (三)按下列公式核定: 营业额＝营业成本或者工程成本×(1＋成本利润率)÷(1－营业税税率) 公式中的成本利润率,由省、自治区、直辖市税务局确定。

续表

旧实施细则	新实施细则
上列公式中的成本利润率，由省、自治区、直辖市人民政府所属税务机关确定。 第十九条　本细则第四条所称自建行为的营业额，比照本细则第十五条的规定确定。 第二十五条　单位将不动产无偿赠与他人，其营业额比照本细则第十五条的规定确定。	
第十六条　根据条例第四条的规定，纳税人按外汇结算营业额的，其营业额的人民币折合率可以选择营业额发生的当天或当月 1 日的国家外汇牌价（原则上为中间价）。但金融保险企业营业额的人民币折合率为上年度决算报表确定的汇率。 纳税人应在事先确定选择采用何种折合率，确定后一年内不得变更。	第二十一条　纳税人以人民币以外的货币结算营业额的，其营业额的人民币折合率可以选择营业额发生的当天或者当月 1 日的人民币汇率中间价。纳税人应当在事先确定采用何种折合率，确定后 1 年内不得变更。
第二十六条　条例第六条规定的部分免税项目的范围，限定如下： （一）第一款第（二）项所称残疾人员个人提供的劳务，是指残疾人员本人为社会提供的劳务。 （二）第一款第（三）项所称的医院、诊所、其他医疗机构提供的医疗服务，是指对患者进行诊断、治疗和防疫、接生、计划生育方面的服务，以及与这些服务有关的提供药品、医疗用具、病房住宿和伙食的业务。 （三）第一款第（四）项所称学校及其他教育机构，是指普通学校以及经地、市级以上人民政府或者同级政府的教育行政部门批准成立、国家承认其学员学历的各类学校。 （四）第一款第（五）项所称农业机耕，是指在农业、林业、牧业中使用农业机械进行耕作（包括耕耘、种植、收割、脱粒、植保等）的业务。 排灌，是指对农田进行灌溉或排涝的业务；	第二十二条　条例第八条规定的部分免税项目的范围，限定如下： （一）第一款第（二）项所称残疾人员个人提供的劳务，是指残疾人员本人为社会提供的劳务。 （二）第一款第（四）项所称学校和其他教育机构，是指普通学校以及经地、市级以上人民政府或者同级政府的教育行政部门批准成立、国家承认其学员学历的各类学校。 （三）第一款第（五）项所称农业机耕，是指在农业、林业、牧业中使用农业机械进行耕作（包括耕耘、种植、收割、脱粒、植物保护等）的业务；排灌，是指对农田进行灌溉或者排涝的业务；病虫害防治，是指从事农业、林业、牧业、渔业的病虫害测报和防治的业务；农牧保险，是指为种植业、养殖业、牧业种植和饲养的动植物提供保险的业务；相关技术培训，是指与农业机耕、排灌、病虫害防治、植物保护业务相关以及为使农民获得农牧保险知识的技术培训业务；家禽、病虫害

续表

旧实施细则	新实施细则
病虫害防治，是指从事农业、林业、牧业、渔业的病虫害测报和防治的业务。 农牧保险，是指为种植业、养殖业、牧业种植和饲养的动植物提供保险的业务。 相关技术培训，是指与农业机耕、排灌、病虫害防治、植保业务相关以及为使农民获得农牧保险知识的技术培训业务。 家禽、牲畜、水生动物的配种和疾病防治业务的免税范围，包括与该项劳务有关的提供药品和医疗用具的业务。 （五）第一款第（六）项所称纪念馆、博物馆、文化馆、美术馆、展览馆、书画院、图书馆、文物保护单位举办文化活动，是指这些单位在自己的场所举办的属于文化体育业税目征税范围的文化活动。其售票收入，是指销售第一道门票的收入。 宗教场所举办文化、宗教活动的售票收入，是指寺庙、宫观、清真寺和教堂举办文化、宗教活动销售门票的收入。	牲畜、水生动物的配种和疾病防治业务的免税范围，包括与该项劳务有关的提供药品和医疗用具的业务。 （四）第一款第（六）项所称纪念馆、博物馆、文化馆、文物保护单位管理机构、美术馆、展览馆、书画院、图书馆举办文化活动，是指这些单位在自己的场所举办的属于文化体育业税目征税范围的文化活动。其门票收入，是指销售第一道门票的收入。宗教场所举办文化、宗教活动的门票收入，是指寺院、宫观、清真寺和教堂举办文化、宗教活动销售门票的收入。 （五）第一款第（七）项所称为出口货物提供的保险产品，包括出口货物保险和出口信用保险。
第二十七条　条例第八条所称营业税起征点的适用范围限于个人。 营业税起征点的幅度规定如下： 按期纳税的起征点为月营业额200～800元； 按次纳税的起征点为每次（日）营业额50元。 纳税人营业额达到起征点的，应按营业额全额计算应纳税额。 省、自治区、直辖市人民政府所属税务机关应在规定的幅度内，根据实际情况确定本地区适用的起征点，并报国家税务总局备案。	第二十三条　条例第十条所称营业税起征点，是指纳税人营业额合计达到起征点。 营业税起征点的适用范围限于个人。 营业税起征点的幅度规定如下： （一）按期纳税的，为月营业额1 000～5 000元； （二）按次纳税的，为每次（日）营业额100元。 省、自治区、直辖市财政厅（局）、税务局应当在规定的幅度内，根据实际情况确定本地区适用的起征点，并报财政部、国家税务总局备案。
	第二十四条　条例第十二条所称收讫营业收入款项，是指纳税人应税行为发生过程中或者完成后收取的款项。

续表

旧实施细则	新实施细则
	条例第十二条所称取得索取营业收入款项凭据的当天，为书面合同确定的付款日期的当天；未签订书面合同或者书面合同未确定付款日期的，为应税行为完成的当天。
第二十八条　纳税人转让土地使用权或者销售不动产，采用预收款方式的，其纳税义务发生时间为收到预收款的当天。 纳税人有本细则第四条所称自建行为的，其自建行为的纳税义务发生时间，为其销售自建建筑物并收讫营业额或者取得索取营业额的凭据的当天。 纳税人将不动产无偿赠与他人，其纳税义务发生时间为不动产所有权转移的当天。	第二十五条　纳税人转让土地使用权或者销售不动产，采取预收款方式的，其纳税义务发生时间为收到预收款的当天。 纳税人提供建筑业或者租赁业劳务，采取预收款方式的，其纳税义务发生时间为收到预收款的当天。 纳税人发生本细则第五条所称将不动产或者土地使用权无偿赠送其他单位或者个人的，其纳税义务发生时间为不动产所有权、土地使用权转移的当天。 纳税人发生本细则第五条所称自建行为的，其纳税义务发生时间为销售自建建筑物的纳税义务发生时间。
第三十条　纳税人提供的应税劳务发生在外县(市)，应向劳务发生地主管税务机关申报纳税而未申报纳税的，由其机构所在地或者居住地主管税务机关补征税款。	第二十六条　按照条例第十四条规定，纳税人应当向应税劳务发生地、土地或者不动产所在地的主管税务机关申报纳税而自应当申报纳税之月起超过6个月没有申报纳税的，由其机构所在地或者居住地的主管税务机关补征税款。
第三十三条　金融业(不包括典当业)的纳税期限为一个季度。 保险业的纳税期限为一个月。	第二十七条　银行、财务公司、信托投资公司、信用社、外国企业常驻代表机构的纳税期限为1个季度。
第三十六条　本细则从条例施行之日起实施。1984年9月28日财政部颁发的《中华人民共和国营业税条例(草案)实施细则》同时废止。	第二十八条　本细则自2009年1月1日起施行。
第十七条　运输企业从事联运业务的营业额为其实际取得的营业额。 条例第五条第(六)项中所称的其他情形，包括旅游企业组织旅游团在中国境内旅游的，以收取的旅游费减去替旅游者支付给其他单位的房费、餐费、交通、门票和其他代付费用后的余额为营业额。	

续表

旧实施细则	新实施细则
第二十条　条例第五条第(四)项所称转贷业务,是指将借入的资金贷与他人使用的业务。将吸收的单位或者个人的存款或者自有资本金贷与他人使用的业务,不属于转贷业务。	
第二十一条　保险业实行分保险的,初保业务以全部保费收入减去付给分保人的保费后的余额为营业额。	
第二十二条　单位或个人进行演出,以全部票价收入或者包场收入减去付给提供演出场所的单位、演出公司或经纪人的费用后的余额为营业额。	
第二十四条　旅游业务,以全部收费减去为旅游者付给其他单位的食、宿和交通费用后的余额为营业额。 旅游企业组织旅客在境内旅游,改由其他旅游企业接团的,其销售额比照条例第五条第(二)项规定确定。	
第二十九条　条例第十一条所称其他扣缴义务人规定如下: (一)境外单位或者个人在境内发生应税行为而在境内未设有经营机构的,其应纳税款以代理者为扣缴义务人;没有代理者的,以受让者或者购买者为扣缴义务人。 (二)单位或者个人进行演出由他人售票的,其应纳税款以售票者为扣缴义务人。 (三)演出经纪人为个人的,其办理演出业务的应纳税款以售票者为扣缴义务人。 (四)分保险业务,以初保人为扣缴义务人。 (五)个人转让条例第十二条第(二)项所称其他无形资产的,其应纳税款以受让者为扣缴义务人。	
第三十一条　纳税人承包的工程跨省、自治区、直辖市的,向其机构所在地主管税务机关申报纳税。	

续表

旧实施细则	新实施细则
第三十二条　纳税人在本省、自治区、直辖市范围内发生应税行为，其纳税地点需要调整的，由省、自治区、直辖市人民政府所属税务机关确定。	
第三十四条　本细则所称“以上”、“以下”，均含本数或本级。	
第三十五条　本细则由财政部解释，或者由国家税务总局解释。	

新修订的细则与1994年开始实施的《营业税暂行条例实施细则》相比，虽然形式上来看条款由原来的36条减少至现在的28条，字数也减少了400字左右，但是实质内容却发生了以下12个方面的重大变化。

(1) 拓宽了视同销售范围

新细则关于视同销售的范围，单列了第五条予以明确，并拓宽了视同销售的范围。

① 将无偿赠送土地使用权纳入征税范围，是因为不动产和土地使用权具有相同性质，不动产的转移也必然伴随着土地使用权而转移。

② 首次将个人无偿赠送其他单位或者个人的不动产或者土地使用权行为纳入了视同销售范围。也就是说，从2009年1月1日开始，对个人将不动产或者土地使用权无偿赠与他人的行为需要征收营业税了。

③ 增加了兜底条款“财政部、国家税务总局规定的其他情形”，为以后财政部、国家税务总局新增视同销售范围提供了依据。

④ 删除了旧细则中关于“转让不动产有限产权或永久使用权，视同销售不动产”的规定。原《营业税税目注释(试行稿)》(国税发[1993]149号)对此的规定，按说也应该取消。

(2) 再次明确对特殊混合销售的税务处理

新细则第七条明确规定，纳税人的下列混合销售行为，应当分别核算应税劳务的营业额和货物的销售额，其应税劳务的营业额缴纳营业税，货物销售额不缴纳营业税；未分别核算的，由主管税务机关核定其应税劳务的营业额：

① 提供建筑业劳务的同时销售自产货物的行为；

② 财政部、国家税务总局规定的其他情形。

关于“提供建筑业劳务的同时销售自产货物的行为”的税务处理问题，国家税务总局曾于2002年下发了“国税发[2002]117号文件”、2006

年下发了“国税发[2006]80 号文件”。这两个文件对“纳税人销售自产货物提供增值税应税劳务并提供建筑业劳务征收增值税、营业税划分问题”进行了规范，废除了重复征税的规定。这次修订，将上述内容纳入了细则的范围。

新细则第七条中的“财政部、国家税务总局规定的其他情形”属于兜底条款，为财政部、国家税务总局增加“其他混合销售行为”的特殊税务处理提供了依据。

同时，取消了旧细则中“混合销售行为由国家税务总局征收机关确定”的政策，与新增值税暂行条例实施细则的规定保持一致。

(3) 扩展了价外费用的外延

新细则第十三条增加了价外费用所包括的内容，扩展了价外费用的外延，与旧细则相比增加了“补贴、返还利润、奖励费、违约金、滞纳金、延期付款利息、赔偿金、罚息”等内容。

这样规定，一方面是为了与《增值税、消费税暂行条例实施细则》保持一致，另一方面消除了实际工作中纳税人与主管税务机关对“价外费用”的不同理解，统一了认识，增强了可操作性。

同时，新细则第十三条，还明确规定了同时符合以下 3 个条件的代为收取的政府性基金或者行政事业性收费，不属于价外费用，不应该缴纳营业税：

① 由国务院或者财政部批准设立的政府性基金，由国务院或者省级人民政府及其财政、价格主管部门批准设立的行政事业性收费；

② 收取时开具省级以上财政部门印制的财政票据；

③ 所收款项全额上缴财政。

(4) 统一了营业额减除、扣除的规定

新细则对营业额的减除和扣除问题，进行了明确和重申。

① 减除营业额的规定

新细则第十四条明确规定：纳税人的营业额计算缴纳营业税后因发生退款减除营业额的，应当退还已缴纳营业税税款或者从纳税人以后的应缴纳营业税税额中减除。

② 扣除营业额的规定

新细则第十五条明确规定，纳税人发生应税行为，如果将价款与折扣额在同一张发票上注明的，以折扣后的价款为营业额；如果将折扣额另开发票的，不论其在财务上如何处理，均不得从营业额中扣除。

上述两项内容，“财税[2003]16 号文件”中关于“营业额问题”曾经明确规定过，这次仅仅是进行明确和重申，并将其规范到细则的范畴。

(5) 重申了建筑装饰劳务的征税问题

关于建筑业的征税问题，新细则删除了旧细则的第十八条规定，将其内容变更为新细则的第十六条。

新细则第十六条规定，除本细则第七条规定外，纳税人提供建筑业劳务(不含装饰劳务)的，其营业额应当包括工程所用原材料、设备及其他物资和动力价款在内，但不包括建设方提供的设备的价款。

上述规定与旧细则的第十八条看似相近，但实际上，“建筑装饰劳务”的征税问题发生了较大的变化。将建筑装饰劳务的营业额做了“例外”的处理，即业主提供的原材料和设备，可以不计入缴纳营业税的范围。

关于“建筑装饰劳务”的征税问题的变化，开始于财政部、国家税务总局的《关于纳税人以清包工形式提供装饰劳务征收营业税问题的通知》(财税[2006]114号)的规定。该文件明确了纳税人采用清包工形式提供的装饰劳务，按照其向客户实际收取的人工费、管理费和辅助材料费等收入(不含客户自行采购的材料价款和设备价款)确认计税营业额。

在实际工作中，“财税[2006]114号文件”并没有得到很好的执行，甚至有个别省市地方税务局明确提出“该文件是答复上海的，我们不执行”。作者认为，细则是重申关于建筑装饰劳务的征税问题，必须认真执行。

(6) 调整了建筑工程设备征税政策

从细则第十六条可以看出，建设方提供设备的价款，不需要缴纳营业税。这与“财税[2003]16号文件”的规定是不一致的。

“财税[2003]16号文件”明确规定，建筑安装工程的计税营业额不应包括设备价值，具体设备名单可由省级地方税务机关根据各自实际情况列举。也就是说，凡是属于列入省级地方税务机关列举的设备名单中的建筑工程设备，无论是建设单位提供还是施工单位自行采购，均可以不缴纳营业税。

而按照新细则的规定，建设单位提供的设备价款不需要缴纳营业税，但是施工单位自行采购的设备价款需要缴纳营业税。

新细则关于建筑工程设备征税问题的变化，提醒房地产企业、建筑企业必须筹划建筑工程设备的供应方式，否则存在多缴纳营业税的风险。

(7) 对合法有效凭证的定义进行界定

新细则第十九条对《营业税暂行条例》规定的“合法有效凭证”的定义进行了界定，明确规定，符合国务院税务主管部门有关规定的凭证(以下统称合法有效凭证)，是指：

① 支付给境内单位或者个人的款项，且该单位或者个人发生的行为属于营业税或者增值税征收范围的，以该单位或者个人开具的发票为合法有效凭证；

② 支付的行政事业性收费或者政府性基金，以开具的财政票据为合法有效凭证；

③ 支付给境外单位或者个人的款项，以该单位或者个人的签收单据为合法有效凭证，税务机关对签收单据有疑义的，可以要求其提供境外公证机构的确认证明；

④ 国家税务总局规定的其他合法有效凭证。

其实，"财税[2003]16 号文件"曾经对"合法有效凭证"进行过规定，但是新细则更加具体、更加规范，而且还有兜底条款"国家税务总局规定的其他合法有效凭证"。

(8) 严格了对交易价格明显偏低的处理

新细则对纳税人交易价格明显偏低并无正当理由或者新细则第五条所列视同发生应税行为而无营业额的，确定营业额的方法增加了"按其他纳税人最近时期发生同类应税行为的平均价格核定"的规定。

旧细则仅仅是规定按照纳税人本身的情况进行核定，纳税人自身近期没有提供同类应税劳务或者销售同类不动产的，就出现了"无法核定"的法律空白。

这一规定，严格了对纳税人交易价格明显偏低并无正当理由进行核定的规定，纳税人自身最近时期没有发生同类应税行为的，就按照其他纳税人最近时期发生同类应税行为的平均价格进行核定。

(9) 调增了营业税起征点

旧细则规定的营业税起征点是 1993 年制定的。我国目前的经济发展状况发生了较大变化，新细则第二十三条实事求是地调增了营业税起征点：

① 按期纳税的，由旧细则规定的月营业额 200～800 元，调增至 1 000～5 000 元；

② 按次纳税的，由旧细则规定的每次(日)营业额 50 元，调增至 100 元。

这一调整，对拉动内需、进一步调动小规模企业的生产经营积极性，具有重要意义。

(10) 界定了纳税义务发生时间的内涵

新细则第二十四条，对《营业税暂行条例》第十二条规定的纳税义务发生时间,即"收讫营业收入款项或者取得索取营业收入款项凭据的当天"的内涵进行了界定与明确。

所称收讫营业收入款项,是指纳税人应税行为发生过程中或者完成后收取的款项。

所称取得索取营业收入款项凭据的当天,是指:

① 签订书面合同的,为书面合同确定的付款日期的当天;

② 未签订书面合同或者书面合同未确定付款日期的,为应税行为完成的当天。

作为纳税义务人,在签订经济合同时必须考虑纳税义务的发生时间的相关规定,否则有较大的涉税风险。

(11) 改变了建筑业、租赁业纳税义务发生时间

新细则第二十五条明确规定:

① 纳税人转让土地使用权或者销售不动产,采取预收款方式的,其纳税义务发生时间为收到预收款的当天;

② 纳税人提供建筑业或者租赁业劳务,采取预收款方式的,其纳税义务发生时间为收到预收款的当天。

旧细则仅仅是规定了上述的第① 种情形(即转让土地使用权或者销售不动产),采取预收款方式的,其纳税义务发生时间为收到预收款的当天。

"财税[2003]16 号文件"曾规定,单位和个人提供应税劳务、转让专利权、非专利技术、商标权、著作权和商誉时,向对方收取的预收性质的价款(包括预收款、预付款、预存费用、预收定金等,下同),其营业税纳税义务发生时间以按照财务会计制度的规定,该项预收性质的价款被确认为收入的时间为准。

因此,新细则改变了建筑业、租赁业应税劳务,采取预收账款方式的纳税义务发生时间。即从 2009 年 1 月 1 日开始,建筑业、租赁业发生应税劳务而取得的预收账款,收到预收账款的当天就产生了纳税义务。纳税人应注意这一点,否则,存在着较大的涉税风险。

(12) 强化了机构所在地补征税款的措施

新细则第二十六条,提出了纳税人未按照《营业税暂行条例》第十四条规定,进行申报纳税的处理措施:

纳税人应当向应税劳务发生地、土地或者不动产所在地的主管税务机关申报纳税而自应当申报纳税之月起超过 6 个月没有申报纳税的,由其机构所在地或者居住地的主管税务机关补征税款。

这一规定，堵塞了个别纳税人在劳务发生地、土地或者不动产所在地逃避履行纳税义务的“漏洞”，强化了在其机构所在地或者居住地的主管税务机关补征税款的法律责任。

参考文献

[1] 王红云,赵永宁.纳税会计[M].四川:西南财经大学出版社,2010.
[2] 梁伟祥.税务会计与纳税筹划(第2版)[M].北京:科学出版社,2010.
[3] 李明.新税制下金融业纳税会计与税收筹划[M].北京:中国市场出版社,2010.
[4] 张炜.纳税会计[M].北京:中国财经经济出版社,2009.
[5] 苏强.企业会计准则与现行税法处理差异及纳税调整实务[M].广东:广东省出版集团图书发行有限公司,2010.
[6] 周华安.企业纳税会计实务指南——房地产企业[M].北京:经济科学出版社,2010.
[7] 姚云霞,朱宜娟.税务会计与纳税筹划实务[M].北京:中国经济出版社,2011.
[8] 顾旭芬.新税法下企业纳税实务操作[M].北京:中国市场出版社,2010.